人人都要懂的销售思维

Everyone Should Embrace a Sales Mindset

张 磊 ◎ 著

图书在版编目(CIP)数据

人人都要懂的销售思维/张磊著.—北京:中国铁道出版社有限公司,2023.6
ISBN 978-7-113-30060-9

Ⅰ.①人… Ⅱ.①张… Ⅲ.①销售–基本知识 Ⅳ.①F713.3

中国国家版本馆 CIP 数据核字(2023)第 051641 号

书　　名:人人都要懂的销售思维
　　　　　RENREN DOUYAO DONG DE XIAOSHOU SIWEI

作　　者:张　磊

责任编辑:巨　凤　　编辑部电话:(010)83545974
封面设计:宿　萌
责任校对:刘　畅
责任印制:赵星辰

出版发行:中国铁道出版社有限公司(100054,北京市西城区右安门西街 8 号)
印　　刷:天津嘉恒印务有限公司
版　　次:2023 年 6 月第 1 版　2023 年 6 月第 1 次印刷
开　　本:880 mm×1 230 mm 1/32　印张:5.25　字数:110 千
书　　号:ISBN 978-7-113-30060-9
定　　价:59.00 元

版权所有　侵权必究

凡购买铁道版图书,如有印制质量问题,请与本社读者服务部联系调换。电话:(010)51873174
打击盗版举报电话:(010)63549461

前 言

我在制造业等 ToB 传统行业做了 16 年的营销工作(销售和市场),涉足过不下 10 个行业(纺织品、包装材料、特种化学品、新能源装备、智能影音、智能家居等),负责全球业务开拓和品牌营销策划,将多个无品牌、无案例的产品成功推向全球细分领域市场。像我这样成长于销售一线、经验丰富的老销售,要写一本分享销售经验的书籍,应该是比较擅长的。尽管如此,当中国铁道出版社有限公司的编辑老师邀请我写书的时候,我陷入了沉思:销售类书籍实在是太多了,我从哪个方向写起呢?我能写出什么不同吗?我个人的销售经验有什么独到之处呢?

关于销售有太多的解读,例如销售就是表达,销售就是情商,销售就是处理关系,几乎每一种说法都有其道理,但也有一定的片面性,似乎我只要会说话、会处理关系,再加上专业能力不差,就能把销售做好,实际不然。其实,销售有多层含义,既是一种职业,又是一种能力,同时更是一种思维。很多人觉得,我不是做销售的,为什么要了解销售呢。其实非也,销售存在于我们生活和工作的方方面面,比如日常购物,作为顾客,怎么跟售货员讨价还价,会涉及销售;

人人都要懂的销售思维

工作汇报,我们是职员,想要说服领导同意自己的方案,这其实也是销售;做自媒体,想要让自己的私域变大,平台扶持,推什么样的产品和内容才适合,这其实也是销售。所以,这种突出特点、要点的能力,懂得做竞品分析,突出自身优势,并能找出差异化的思维方式,就是销售思维。而且,你会发现这种思维越用越灵。我带过的销售下属中,八面玲珑的人不少,但也只有一小部分人最终变成厉害的销售,为什么?因为这些都只是零散的销售技巧,是销售能力拼图上的锦上添花,而并不是销售的全部。

提笔前,我一遍遍地告诫自己,千万不要讲太多所谓的销售技巧,因为技巧是表层的东西,甚至不同行业、不同客户以及不同时期,做销售都需要不同的技巧,所以技巧是永远讲不完,也学不完的。学技巧很容易学成四不像,也很容易形成机械化动作,把销售干成了流水线的活儿。然而销售恰恰是充满变化的,是对洞察和应变能力要求极高的一项工作。我想此刻正在看书的你也经常接到推销电话,并且极少有耐心听下去。为什么?因为电销(电话销售)人员一般都接受了统一的话术技巧培训,听他们的电话,就像是一台没有感情的推销机器,提不起任何兴趣。

术与器浮于表面,道与法才是底层逻辑。销售技巧只是术与器,需要在道与法的指引下,方能发挥出效果。

你最多只有两秒钟!

鉴于销售场景的复杂性和即时性,销售人员经常需要在两秒甚至更短时间内及时作出反应,方能掌控局面。大家千万不要觉得我在夸大事实,这个认知背后,是我多年从事销售工作的深刻教训。一时没反应过来,或者反应错误,就会给客户留下不好的印象,或者被竞争对手钻了空子,占了上风。销售人员面对的局势,经常是瞬息万变、惊心动魄的。

具体来说,针对一个特定的局势,你需要在两秒内迅速完成以下两件事:

第一,我该调用哪些技巧?(即技巧的灵活调用)

比如,在客户询问价格时,要调用迂回技巧(创造报价条件),在初次拜访客户时要调用提问技巧(挖掘关键信息)等。

第二,我该如何使用这些技巧?(即技巧的灵活使用)

比如究竟怎么提问才能挖掘出想要的信息呢?

> **销售的两秒反应**
>
> 调用哪个销售技巧?
> 如何使用这个销售技巧?

你会发现,任何技巧的运用,一定要结合特定的策略才能发挥实效。策略怎么来?靠的是对销售道与术的底层逻辑的理解,它将决定你是否能够以及如何迅速地解决各种问题。

想清楚这些之后,我决定聚焦在"销售思维"上,要把自己16年来面对各种销售难题时解决问题的思路以及内心感悟分享给大家!

> **人人都要懂的销售思维**

本着这个初心，我开始写作和打磨内容。这本书共分两篇，思维篇和实战篇。思维篇围绕销售的价值以及为什么要了解销售思维进行介绍，实战篇主要基于我个人的销售案例，讲解一个销售小白如何通过历练进阶到资深销售，同时跃迁的。书中我用了场景案例，希望大家可以通过阅读，能找到一些思路。这本书不只是写给销售同行的，实际上只要你还在参与社会分工协作，不管是在职场打拼，还是创业做自己的公司，甚至只是用心生活，这本书都能为您提供实实在在的参考。

张磊

2023 年 1 月

目录

第1篇 思维篇

第1章 销售的意义和价值超乎你的想象 …………………… 3
1.1 你真的懂销售吗 …………………………………………… 3
1.2 销售永远不会消失 ………………………………………… 7
1.3 做销售除了能挣钱,还有什么价值 ……………………… 10
1.4 掌握销售思维,是一笔稳赚不赔的投资 ………………… 15

第2章 决定做销售前,你可以这样进行自我评估和准备 …… 20
2.1 销售思维是可以训练的 …………………………………… 20
2.2 内向的人不但能做销售,优势还很大 …………………… 23
2.3 销售择业,一定要避开这些坑 …………………………… 25
2.4 个人销售风格漫谈:选对行,成功概率大大提高 ……… 31

第3章 销售不只是卖东西 ……………………………………… 41
3.1 销售产品,先要销售自己 ………………………………… 41
3.2 你适合做销售吗?做销售需要哪些特质 ………………… 43

3.3 培养销售能力,你需要坚持这些习惯 ········· 56

第2篇 实战篇

第4章 销售小白应该懂的那些事 ············· 65
4.1 如何练胆量 ····························· 65
4.2 如何快速学习并快速进入工作状态 ············ 67
4.3 找个好师傅,少走弯路 ····················· 69
4.4 如何找到目标客户并成功邀约 ··············· 73
4.5 别急着谈业务,先让客户对你感兴趣 ·········· 81
4.6 别小瞧自己,更别让客户小瞧你 ············· 89

第5章 销售小白到资深销售的进阶之路 ········· 92
5.1 让客户在想买的时候,第一个想到你 ·········· 92
5.2 学会提问 ····························· 96
5.3 多渠道借力,突破个人能力的天花板 ·········· 105
5.4 善于演讲的人,做销售一定能行 ············· 108
5.5 谈判能力——销售小白和销售高手的关键差距 ··· 113
5.6 如何从零开始建立行业朋友圈 ··············· 117
5.7 时刻准备好带团队吧 ····················· 128

第6章 资深销售的跃迁之路 ················· 133
6.1 把客户变成朋友,成交于无形之间 ············ 133
6.2 业务需要定位,客户需要筛选 ··············· 135
6.3 价值升维,谈判资格的入场券 ··············· 141

6.4 销售谈判的最高境界:不谈业务谈战略 …………… 144

6.5 审美能力——被大多数销售忽略掉的必备素质 …… 147

6.6 如何打造有战斗力的销售团队 ………………… 151

6.7 经营个人品牌,是非常重要的事 ………………… 153

第1篇 思 维 篇

这么多年我养成了一个习惯:当我准备学习一项陌生的技能时,我不会立即去购买相关的"教科书或者教程"给自己填灌知识,而是先去做一些行业调研,尝试理解这项技能及发展趋势的底层逻辑,再制订一个最高效的突破计划。比如我很喜欢玩木头,因此一直很想开一家有格调的木工坊。很多人会基于兴趣出发,首先去研究木工坊怎么装修成自己喜欢的样子?怎么选择有性价比的木工设备?更厉害一点的人,会先去了解经营一家木工坊所需的成本(房租、设备、人工、日常开销等)以及找到一些已经在运营的木工坊的成功和失败案例,看看他们的经营项目有哪些?定价如何?现金流情况怎么样?平均的投资回报周期等。换成我的话,我会更进一步,先去洞察到底哪些群体会去木工坊消费?市面上现有的木工坊是否已经很好地满足了这个群体的需求?是否还有更深层次的需求没有被覆盖?相应地,经营项目和经营模式还有哪些创新空间?创新的成本和商业价值有多大?诸如此类。我觉得如果真的想做木工坊的生意,就必须先洞察清楚这个生意的基本逻辑。

所以,在我讲具体的销售实战案例之前,我先跟大家谈谈销售的底层逻辑——"销售思维"。

第 1 章
销售的意义和价值超乎你的想象

1.1 你真的懂销售吗

亲戚朋友见面问：你现在做什么工作？

你回答：销售。

他们便会追问：哦，是卖什么东西（产品）的？

多年以来，大众对于销售的刻板认知就是"卖产品"，而且是卖一个实物产品，这显然是片面的。在这本书的开篇，我迫不及待地想要分享自己从事销售工作多年以来的一个首要核心认知：一个认为自己只是在"卖产品"的销售，几乎永远无法成为一名合格的销售，更不能称之为优秀的销售。为什么？相信看完这本书，你会找到答案。

什么是销售？百度词条如此定义：销售是以出售、租赁或其他任何方式向第三方提供产品或服务的行为，包括为促进该行为而进行的有关辅助活动,例如广告、促销、展览等活动。

这个定义已经比我们大多数人对销售的认知要宽泛了许多,强调了销售实际上是基于某个目标而进行的一系列活动。它是一个复杂的过程,而不仅是"卖产品"这一个轻描淡写的单一动作,实际上还包含了市场营销的概念,比如投放广告、办展会这些市场动作,都是广义上的销售概念的一部分,也经常被统称为营销。

既然销售是一个过程,那么就需要有计划、有执行和持续推进。也就是,需要进行周密的策划和过程管理,才有可能得到想要的结果。因此,做销售实际上就像是考试,想要考得高分,脑力比体力更加重要。

在实际工作中,不少销售新人问我:"磊哥,我每天都在联系客户、拜访客户,可是业绩却总是上不去,问题出在哪里呢?"

看了我前面的内容,现在此刻的你应该知道了,不是因为你的体力付出不够,而是因为脑力付出(也就是销售思维)还不够,或者说是脑力付出的方向错了,也就是还没有找到销售的感觉。做销售,所谓"勤能补拙"是行不通的。客户有100个理由不选择你的产品,而动用脑力逐个识别这些理由并扫清障碍才是你的核心工作。所以,关键不在于你拜访客户的频率够不够高,而在于你思考得够不够深、够不够全面,是否具备能够高效解决问题的销售思维。

强大的销售思维可以帮助你提高成交率。更重要的是,它将使你具备操盘更高阶、更复杂业务的能力,这恰恰也是区分普通销售和优秀销售的一个核心标准。服装店里的导购员和上市公司的销售总监,两者同为销售,差异却是很大的。因为,操盘复杂业务确实更难,所需要的销售思维也更复杂。

所以,做销售,不能只靠勤奋,动脑子是重中之重。人们常说:做销售靠悟性、靠天分,教是教不会的。这句话只对了一半,错在后半句。销售不是火箭和芯片,需要多么专业的理论知识做支撑,而是一门实践学科,靠实操、靠经验总结。只要掌握正确的方法和解决问题的思路,销售其实并没有那么难。

觉得做销售难的人,可能还没有真正理解销售的核心本质。销售的核心本质是帮客户解决问题、创造价值。看到这里,你可能会说,这句话每个销售都知道。别着急,你不妨静下心来再问一遍自己,你真的理解销售的本质吗?

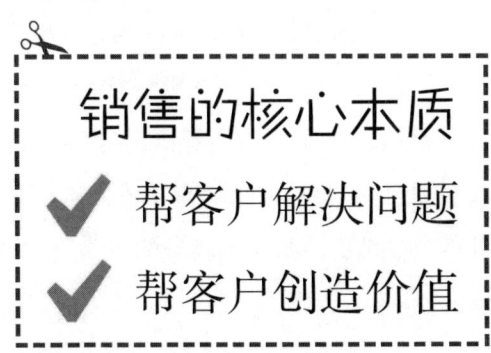

很多销售新人问我:"磊哥,去哪里找客户啊?客户不理我怎么办啊?不愿意见我怎么办啊?客户嫌价格贵怎么办啊?"等等。销售会遇到的问题千千万,但万变不离其宗,只要我们心里很笃定地知道能如何帮客户解决问题,那么自然就可以找到问题的答案。

比如说客户不理你,怎么破?客户不理你的本质,是看不到你的价值,所以不愿意在你身上浪费时间。只有当你展示出能够帮客户解决问题的能力和证据,客户才会搭理你。想要顺利帮助客户解决问题,你首先得知道:客户有哪些痛点？这些痛点是如何产生的？你又能提供哪些针对性的解决方案呢？当你把这些问题都想明白之后,再带着适合对方的解决方案去沟通,他还会不理你吗？这里我举个例子:

前年我做了一个外企的宣传片拍摄项目。最初与我对接的是该外企中国公司的某负责人,他要求所有的视频文案和创意都要跟其国外总部的同事沟通,只有他们确认了、验收了,才算数。过去十几年,我全球跑业务,熟悉不同国家职场人的沟通风格,也熟悉他们做事和解决问题的方式,所以跟他们沟通以及进行项目协作是我的强项。于是,我并没有去强调自己在视频创意和拍摄方面的能力,而是告诉对方:"我可以流畅自如地讲英语,在业务沟通协作方面有丰富的经验,整个项目协作过程中相信能节省您很多时间成本和减少麻烦,这是其他视频拍摄团队所不具备的。"最终,我自然而然地拿下了那笔业务。

我们必须帮客户解决问题,客户才会跟我们购买产品。反过来说,只要我们能解决客户的问题,客户就没有理由不跟我们买产品。当然,很多时候客户并不会直接把他的问题告诉我们,而是需要我们自己去洞察;甚至有些时候,客户说不明白自己的问题或者都没有意识到自己会面临什么问题,那么就更需要我们帮助他厘清思路,预测到问题的所在,并给出预案,这就是我们的价值。只要做到这些,成交就是水到渠成,做销售就是这么简单。

现在，你准备好了吗？请跟随我一起开始学习吧！

1.2 销售永远不会消失

日常生活中，我们总是会接到各种烦不胜烦的推销电话；我们去买菜、买水果会讨价还价；我们去招聘单位面试和谈薪水；我们说服领导采纳自己的意见等，这些行为都可以称之为销售。但是，我们对生活中的这些销售行为都习以为常，几乎未有察觉，也鲜有思考其存在的原因和意义。

销售行为得以存在，是因为每个人都无法生产和满足自身所有物质和精神需求的足够资料，因此不可避免地需要从别处获取这些资料。理解了这一点，其实销售新人就大可不必再畏惧打电话和拜访客户了，因为你也许正好能够提供对方所需，实实在在地帮到了对方，对方开心，你也开心，销售的价值也就体现出来了。

人类从原始社会开始，因为信息差、地域差和需求差的存在，交易行为逐渐产生，这就是商业的雏形。商业是人类社会活动的主要内容之一。可以说，只要人类社会存在，商业就会存在，贸易和销售行为就会不断发生，继而间接催生了货币、跨区域贸易，甚至后来的工业革命，推动着人类社会不断向前发展。

信息差、地域差和需求差是交易的前提，与此同时，也恰恰是交易的障碍。从商业角度来看，销售人员就是要突破这些障碍，才能实现成交。

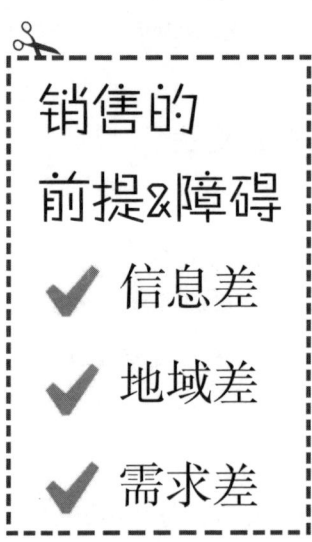

(1)信息差,就是你是否掌握客户所不知道的信息以及不具备的能力。比如我现在主业从事的是营销咨询服务,主要帮助企业设计或修正整体营销策略,突破企业经营增长困境。为什么企业愿意找我?因为我积累并掌握了宝贵的营销实战经验,能够洞察到企业的营销痛点,帮企业纠偏,并指导企业执行落地。我会而你不会,我有而你没有,独特的经验本身就是一种有价值的信息。所以本质上,拥有这种能力的人就是靠信息差去获得业务。

(2)地域差,就是你是否能突破区域限制,让远方的客户能够了解到你的产品和服务。比如传统行业展会聚集了全球各地的企业,你可以在展会上与全球的客户洽谈业务;随着互联网的发展,远在地球另一端的客户也可以在网上搜到你们的企业和产品信息,主动联系你们洽谈业务,你可以游刃有余地与其对接;随着短视频的兴起,你可以在抖音等新媒体平台更加高效地传播自己的产品。所以,拥有这种能力的人和企业领导者,善于做品牌曝光和传播,就能更好地实现销售。

(3)需求差,是指需求的迁移和创造。比如北方不适宜种植荔枝,所以一开始北方人对荔枝的需求并不大,但后来有商贩将新鲜的荔枝引入北方市场,消费者抱着试试看的心态,将其买回家品尝后,觉得很好吃,慢慢地,越来越多的商贩都开始卖荔枝,消费者的需求也越来越高,北方人对荔枝的需求就变大了。

同理,以前交通闭塞,互联网也不够发达,所以偏远地区农民的瓜果蔬菜只能低价批发给当地的农贸市场和中间商,自己赚得不多,卖不掉的也只能任其烂掉,损耗很大。现在互联网发达了,出现了各种电商工具,相关产业链发展起来了,物流效率也大大提升了,这就突破了信息和地域的限制,使得千里之外的我们能以更低的价格,吃到比以前更加新鲜实惠的产地直供农产品。产品既好又便宜,购买习惯了就停不下来,新的购销需求也就形成了。所以,打破需求差的前提,是需要一些外部环境和技术手段来支撑的。

随着时代和技术的变迁,信息差、地域差和需求差导致的交易障碍也在不断地演变。到今天为止,互联网销售仍是当下一个不错的销售解决方案,直播带货更是提供了一种销售新思路,并且展现了令人惊叹的销售能力,但你会发现,还有很多更加复杂的产品和服务是很难通过互联网和直播间进行销售的,尤其是 ToB 类业务,为什么?因为隔着屏幕始终无法彻底解决双方信任度的问题,而信任度是 ToB 业务销售闭环的关键因素和特征。信任度本质上仅产生于人与人之间,客户信任一个产品,其实还是相信做出这个产品的人。一对一的深度互动，是建立信任度最有效的方式，比如面对面进行一次愉快的对话、共同完成一个项目、共同解决一个棘手问题等。深度互动的质量，决定了信任度的高低，本质上考验的是人际交往能力和为人处世的智慧。销售人员就是为了扫除信任障碍、不断提高信任度而存在的，这就是销售存在的意义。也因此，我猜测销售这个工种可能永远都不会消失。即便在各种 AI 技术突飞猛进的今天，比如 ChatGPT 的横空出世，已经对很多技能型岗位形成巨大冲击甚至大有替代之势，我依然认为销售岗位很难被替代，因为销售与人打交道，人与人之间在深度互动过程中所融入的大量情绪和情感，AI 是模仿不到精髓的，至少现在是这样。

1.3 做销售除了能挣钱，还有什么价值

有天生就喜欢做销售的人吗？还真有，但根据我的观察，这种人确实不多，更多人是懵懵懂懂做了销售。认真做销售的人，几乎都经历过一场身体和心灵苦旅，这其中又有相当一部分人最终无法坚持下去，心灰意冷转了行。而所有坚持下来的销售，都经历过许多痛苦的挣扎，有的还挣扎了好多年。因为销售的确是个苦差事。

拿我自己举例吧！2006 年，我本科毕业，英语专业八级，经熟人介绍进了一家浙江民营上市企业做纺织品面料的销售。一进公司就被领导派往车间学习。炎热的夏天，高温高湿环境，飞扬的灯芯绒面料毛絮，每天弄得自己身心俱疲，心里别提有多不爽。当时我怎么也搞不明白，明明说好是来做销售的，怎么就成了车间工人

呢？大学里学的那些知识，怎么就毫无用武之地了呢？

我和另一个浙江本地的应届生小伙伴一起在车间里待了半年，然后又一起被派往上海销售办事处，负责上海区域内的服装品牌客户和面料贸易客户的业务开发。读到这里，如果你干过销售，可能会想到，想出业绩，且得在市场上摸爬滚打呢！我们两个刚毕业什么也不懂的毛头小子，在上海仅靠打电话推销和扫楼陌拜（挨家挨户进行陌生拜访），能拿到什么业务呢？我记得头半年几乎是颗粒无收。幸好公司对我们还不错，也没有给我们太大的业绩压力，但我们的自尊心无时无刻不在倒逼自己坚持，坚持，再坚持。每次陌拜被客户敷衍送出来，一刻也不敢停，转身继续去敲另一家客户的门。每周领导开会问进展和业绩，我们都没有，当时的我除了羞愧自责，还陷入深深的自我怀疑。用"身心俱疲"四个字都无法形容那段日子，我都不知道自己是怎么熬过来的。

既然做销售如此艰难，为什么还有这么多人选择并坚持做销售呢？恐怕还得从两个大众的刻板认知说起。

1. 做销售比较挣钱

事实果真如此吗？相对于其他以固定工资为主的工作来说，做销售的收入预期确实更有想象空间。大家可以回忆一下，自己的身边是否会有那么一两个亲戚、朋友通过做业务实现了财务自由？于是街坊邻居一传十，十传百，这个传闻也就自带"销售人员能赚很多钱"的说服力。

所以，很多想赚钱的年轻人纷纷加入了销售队列，尤其是那些家庭条件不好、学校一般、学历不高、找不到好工作的人。你几乎很难看到家庭条件优越的,或者名校毕业的优秀人才愿意每天打推销电话,去扫楼陌拜。

但是,时代在变迁,人们的生活质量越来越高,真正的苦孩子越来越少,而真正愿意吃苦的年轻人也越来越少了,为了赚钱而选择销售职业的人也越来越少了,更多人看到了做销售的另一层意义。

2. 做销售比较锻炼人

长辈们常说:这孩子吃不了苦,让他去做销售磨炼一下;这孩子性格太张扬,让他去做销售磨一磨棱角。的确,他们是过来人,也都是经验之谈。

上面说到的打推销电话、扫楼陌拜,这些传统的销售模式确实非常锻炼人。前面我曾经提到,刚入职半年后,我被派到上海销售办事处负责业务开发。每天早上到公司后,我就开始搜集目标客户的电话号码,然后挨个打电话过去推销。大多数推销电话都是没有结果的,不是被客户直接挂断,就是被客户婉拒,甚至有的客户还会恶语相向,警告我不要再打了。我曾一度患上打电话恐惧症,一到办公室心里就发慌,手好像不听使唤似的不断拿起电话,又放下,再拿起,再放下,如此反复。尤其当坐在我身边的其他销售打起电话来都游刃有余的时候,我的内心更加不是滋味。于是,我鼓足勇气拿起电话,拨通电话。有时候我刚开口,电话那头就已经挂断了,但为了在同事面前掩饰尴尬,我甚至还会装腔作势,假装说几句,再挂断电话。

上午打电话,下午扫楼陌拜,是那时候每天的工作日常。扫楼,跟大楼安保斗智斗勇,被客户推出门外,都是我日常的修炼。现在回想起来,我却很感恩那段时光。打推销电话也好,陌生拜访也好,没有人天生就能胜任,关键在于自己能不能对情绪进行有效地调节,放下面子和自尊,豁出去。

每次被拒绝,也都是绝佳的总结学习的机会。比如:下次陌拜的沟通方式能不能改善?如何改善?我都会在本子上写了又改,改了又写,把一些常用的开场白、客户问价格的应对回复、问交付期的应对回复,诸如此类,不断优化。经过差不多一年时间的锻炼、优化,当再被客户拒绝时,我基本上可以做到心无波澜了。

我们从小就受到"天将降大任于斯人也,必先苦其心志,劳其筋骨,饿其体肤"这样的成长价值观的熏陶,我认为做销售的过程就是一个不断"打怪升级"的过程,非常符合这个价值观的描述:

- 需要大量的外勤出差、熬夜等,体力消耗大;
- 需要学会忍,培养自己的情商,磨炼自己的个性。

不过,移动互联网时代赋予了我们更先进的销售工具和媒介,不少销售动作已经逐步从线下迁移到线上,比如直播电商,这在 ToC 消费品领域风头正盛。很多人凭借直播带货成功转业,俞敏洪携新东方英语教培的优势资源,用双语做直播,把直播带货玩出了新花样。

在 ToB 销售领域,直播风口已初现端倪。ToB 业务直播的逻辑,在于通过直播间更高效、即时地进行商品和服务讲解、答疑,实现引流获客和初步信任的闭环,直播后,意向客户再转到线下进行

人人都要懂的销售思维

传统销售闭环,成交效率会高很多。尤其在前段时间的特殊背景下,ToB行业遭遇的最大困境,就是跟客户见面不再方便了;而ToB业务的成交逻辑,建立信任是前提,所以直播间在建立初步信任,再吸引至线下成交方面的价值就凸显出来了。

数字化营销技术的发展和运用正在逐渐颠覆传统的获客与成交方式,使得销售人员"劳筋骨,饿体肤"的场景大大减少。不过,"苦心志"的体验依然没变,因为要想取得出色的销售成绩,永远都要善于洞察客户(人),解决问题,这些都需要劳心劳神才行,甚至因为竞争的不断加剧和竞争形势的多变(来自各种新的商业模式的冲击),销售光靠勤奋已经不行了,比以往任何时候都更加需要脑力。

在这个过程中沉淀下来的优秀销售,不知不觉地就学到了一项新技能:几乎能够解决任何复杂问题的"销售思维"。这个收获是无价的,甚至将影响一个人的一生(至少这是我自己的切身体会),很多人可能并未意识到这一点。

当我们认为某项工作"很锻炼人"的时候,潜意识里就是希望通过这份工作的锻炼,使得我们具备解决更复杂问题、征服更困难挑战的能力,从而以后可以从事更复杂的工作,同时获得更大的收益(经济回报、成就感、社会价值等)。

我的祖辈们都是农民,他们一辈子种田,身体和意志也受尽了磨炼,但除了被困在田里,别无其他选择,为什么?就是因为底层思维和认知的限制。相比于磨炼体能和意志,磨炼出高超的"销售思维"将赋予我们更多的选择机会,从而获得更广阔的职业发展空间和人生体验。

1.4 掌握销售思维,是一笔稳赚不赔的投资

销售思维是一种激发我们不断思考、钻研、创新,以解决任何问题的底层思维能力。它来源于但又超脱于销售工作本身,即便不做销售也可以从这种思维方式中显著受益。

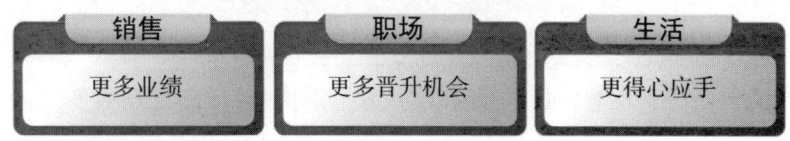

1. 在销售工作中

毫无疑问,销售思维将帮助我们获得更多销售业绩。销售思维的核心是洞察人、满足人的需求,从而解决复杂问题,所以不得不运用诸如心理学、数据分析能力、市场营销能力以及社交能力等任何可能帮助我们解决问题的知识和技能。

大家听起来可能有些抽象,比如当你向客户推销一款标准的轴承产品时,这种轴承有上百家企业都能生产,而且客户已经和其中一家合作多年了,这时候你该怎么办?很多销售遇到这种情况时都束手无策,每次打电话推销都被拒绝,后来慢慢就放弃了,因为他自己都没法说服自己:人家合作得好好的,凭什么能让客户切换到自己的产品呢?

人人都要懂的销售思维

俗话说,"苍蝇不叮无缝的蛋",这句话听着不好听,但如果我们反着理解这句话,销售人员为什么不立志做那只苍蝇呢?想办法找到鸡蛋的微小裂缝在哪里(销售突破口),这就是销售思维的价值。那么在这个销售案例中,可能的突破口有:

(1)虽然他们合作多年,但是否合作愉快呢?我能否通过和对方采购人员建立关系,慢慢从他们口中获得一些相关信息呢?如果采购人员不说,我是否能通过其他渠道找到内部人士来获取信息呢,比如他们的技术人员?

(2)我能否守在客户工厂门口,上前拦住某位刚下班的工人,攀谈了解他们现在所使用轴承的实际使用情况呢?说不定有人会告诉你,现在厂里使用的轴承磨损量特别大,每月都要花很多钱采购新轴承,那么你就可以再去找到采购人员,告诉他每个月能帮助厂里节省10%~20%的采购成本,这是否能引起他的兴趣呢?

(3)如果采购人员还是不感兴趣,我能否想办法直接找到客户公司的一把手呢?采购人员可能害怕担责,但是你能够提供的价值对企业一把手来说是有直接吸引力的,他最关注,也最有决定权。

我还能列举至少十条可能的销售突破口。总而言之,一句话,方法总比困难多。重要的是你能否认真思考以及如何思考,这些就是销售思维的核心。当你想尽一切办法,把对客户有价值的产品和方案呈现并交付给客户的时候或者你在获得一笔订单的同时,你的销售思维也经历了不断的打磨和沉淀,久而久之,就具备了解决几乎任何复杂问题的能力。

现在你知道为什么很多CEO都是销售出身了吧?并不是因为

业绩好了就能一路晋升到 CEO 的高位,而是因为优秀销售所具备的独特的销售思维,使其能够解决很多别人不能解决的棘手问题、未知问题,而这正是 CEO 的必备素质。

2. 在职场中

当然,不是每个人都能当上 CEO,也无此必要,但要想在职场中如鱼得水,升职加薪,获得良好的人际关系,销售思维依然不可或缺。它可以帮助我们在工作中更好地协调人与事,更高效地做出积极的工作成果。

我曾经履职于一家民营上市公司,入职后,我惊讶地发现公司在营销推广上竟然只设置了销售部门,而没有设置市场部门,这导致了一个尴尬的处境:公司虽然已在 A 股上市,但是在行业内的知名度和美誉度都不甚理想。我在行业展会上遇到许多行内的客户,他们表示并不知道我所在的这家公司,有的客户虽然听说过,但也不知道我们公司的规模有多大,产品做得怎么样。这导致公司在新业务的拓展上相对于竞争对手而言明显处于弱势。

我认为,公司在那个阶段非常需要一个强有力的市场团队。因为我对市场推广和品牌营销是有经验的,也有强烈的信心把公司的知名度和美誉度做起来,那我是不是可以向上谏言,说服公司高层成立市场部,并且让我来负责市场团队的搭建和管理呢?

这个问题的本质,就是要把自己的想法和规划"销售"给公司高层。那么为了实现这个销售任务,我必须找到突破口,同时充分地准备好相关的分析报告、数据等一系列可以直观展现以及影响公司高层决策的素材,并且精心组织好自己的汇报语言,通过一场内部路演,说服高层。最终,我成功达成了目标。这个思考的过程都是销售思维的驱动。

想想看,一个不敢与领导说话、处处躲着领导的人,和一个经常主动找领导说出自己的想法,能够切实帮助领导分担焦虑和解决困难的人,你觉得谁会更快成长、更快晋升呢?谁能获得更多的支持资源呢?尤其对于职场新人来说,运用销售思维去做事,不但能够让自己脱颖而出,而且慢慢地就把自己培养成了一个"多面手",形成了个人独特的综合实力,这等于是为以后的职业发展打下更扎实的基础。

3. 在生活中

销售思维还能用在生活中?或许大家会觉得不可思议,事实上它的用处可大了。

作为一名有经验的销售员,我经常跟销售新人说:把你当初追女朋友的心思和努力用在客户身上,想不成交都难。反过来也一样,具备优秀销售思维的人,追求女生的功力也不会太差,因为他更会洞察人的心思和需求,能找到更符合对方心意的方式去靠近,讨得欢心。

比如同样是表达关心,你只会发条短信让女孩注意保暖多喝热水,而你的对手可能已经买好了零食、准备好了充好电的热水袋和姨妈巾,甚至还有一部缓存了她爱看的动漫电影的 iPad,托女孩的室友带给她了。哪种方式会更让女孩喜欢,想必你内心已经清晰、明了。这就是运用销售思维去销售自己的力量。

几年前,我开始在网络上分享自己的销售思维,受到很多年轻人的喜爱。我在后台被问得最多的问题就是:"我想做销售,但又不知道自己适不适合,能不能做好。大家都说做销售好难,我不知道自己如果做了销售到底能不能坚持下去。"

其实这些问题都是恐惧心理在作祟,你大可不必。放手一试,以"解决问题,获得成长"的心态去做销售,你也许就不会再有心理负担了,反而会更加积极。当然,每个人都有选择职业的权利,而且我也鼓励大家多尝试、多体验,才能最终找到自己最拿手、最舒服的职业状态。所以,我很乐于推荐年轻人从事销售职业,因为做销售是训练销售思维的最佳方式,深度体验一下销售岗位,积累点销售思路,怎么也不会吃亏。

尤其在VUCA时代(即极度波动、高度不确定、日益复杂和模糊的时代),唯一不变的就是变化。要在如此变幻莫测的环境中生存并成就自我,持续学习、提高敏捷性和适应性是我们必备的素质。通过学习销售思维,我们强化了这些素质培养,可以说是一笔稳赚不赔的投资。

第 2 章
决定做销售前,你可以这样进行自我评估和准备

2.1 销售思维是可以训练的

在第一章我们讲道:销售是一门学科,那么就跟语文、数学等学科一样,你可以学习、研究并掌握它的相关知识,然后运用到实际的工作和生活中。比如,我们学习掌握了一些文言文知识后,除了可以应试解题,还可以把"熟读历史典故"作为自己的个人标签,帮助我们提高社交力。同理,如果我们学习并掌握了销售思维,除了可以帮助我们更好地做好销售工作,还能帮助我们更好地生活。

那么,销售思维是可以被训练的吗?答案是肯定的。

我很确定自己最初并不是一个适合做销售的好苗子。我6岁上一年级,比同村小伙伴都早一年上学,加上从小在一个独家村长大(我家单独矗立在遥远的村头),所以性格非常内向,甚至可以说

懦弱。记得上学的第一天,家里人送我到了校门口就离开了,而我在校门口徘徊了许久,最后没进学校,在附近的一个草堆里躲了一整天,直到学校放学再和同村的小朋友一起回家。后来,我也经常因为内向、胆小,而经常被高年级的学生欺负。

在大学毕业后,我误打误撞从事了销售工作,虽然现在来看结果还不错,但回想起来,还真是给当时的自己捏了一把汗。就以我这种性格,如果不寻找方法,断然是做不好销售的。工作初期时,我对于打陌生电话、陌生拜访推销等行为感到无比地抗拒,无所适从,但因为生活压力又不得不咬牙坚持。

天性如此,不是一朝一夕可以完全改变的,于是我就尝试从其他地方寻找突破口。相较于我的同事,我不只钻研产品,还花更多的时间钻研行业、客户、业务。在我这么做之后,我的视野更加开阔了,业务也越做越大,而且时间越久,就越是从中受益。

大家知道吗?其实最好的解决性格问题的方法,就是用成功体验去覆盖。一旦尝到成功的滋味,很多性格障碍就自然化解了。随着后来销售成绩越来越好,我的性格和能力结构也开始发生了奇妙的变化。我逐渐构建起了自己独特的销售思维体系,思考问题更深入,解决问题更灵活,性格也更有韧性。

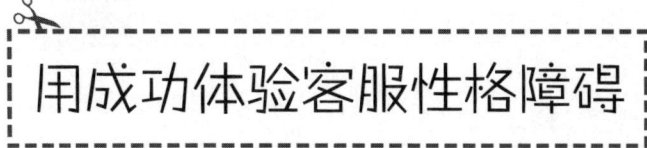

2021年4月,我在"得到"App上推出了一门销售课程,叫作

人人都要懂的销售思维

"跟张磊学做 ToB 销售"。这门课程一共不到 10 个章节，短小精悍，讲述了我做销售 16 年来的一些典型标杆销售案例，几乎浓缩了我所掌握的核心销售思维和心法。截至 2023 年 5 月，依然是得到 App 上所有销售类课程中的销量 TOP 1，收获了不错的反响。

跟张磊学做ToB销售

— 发刊词：如何用产品经理思维做销售？—

01 | 破冰：加了微信，客户不理你怎么办？

02 | 挖需求：客户说不需要你的产品怎么办？

03 | 促成：如何找到ToB销售的关键决策人？

04 | 竞争：如何在弱势的情况下争夺市场？

05 | 维护：如何把新客户变成长期客户？

06 | 内部协调：如何让各部门支持你的工作？

07 | 外部协调：如何组织外部资源帮助你成单？

研发者手记：去发现，不如去创造

跟张磊学做ToB销售
- 得到App出品 -

可以说，如果我们掌握了销售思维，就掌握了一套解决各种"疑难杂症"的思维框架，遇到任何问题都不会再惊慌失措了。这就是为什么，这本书不只是写给销售人员看的，因为我分享的看似是销

售案例和销售经验,实际上却是解决各种问题的思路和感受,相比于"怎么做",这本书更想告诉你的是"我为什么这么做",所以从事任何职业的人都可以从中受益。

2.2 内向的人不但能做销售,优势还很大

很多人想从事销售工作,但因为性格内向,往往还没开始尝试就先自我否定了。

曾经有人做过统计,世界上三分之一的人的性格属于内向性格。内向性格的人在社交场合的优势可能不大,比如我就经常在一些社交场合中感到无所适从,但是因为业务需要,又不得不硬着头皮上,内心非常痛苦。

不过,国内外也有<u>很多研究证明了内向者更具同理心、心思更细腻,更有能力了解别人的内心所想,引发共鸣,而这些特质恰恰对于销售过程是有很大帮助的</u>。

有人认为,内向的人更喜欢独处,会有社交恐惧的征兆。这种观点并不正确,但凡接触过一些心理学知识的人都知道,内/外向性格与社交恐惧之间并无直接关系:

(1)一个外向的人,也许是严重的社交恐惧症患者,他的外向可能只是故作自信的一种伪装;

(2)一个内向的人,也许对社交充满渴望,当被强行推到社交场合中,也可能表现出优秀的社交能力。

所以,内向的人能做好销售吗?我的回答是:当然能,前提要选

人人都要懂的销售思维

择好销售的产品和方式。

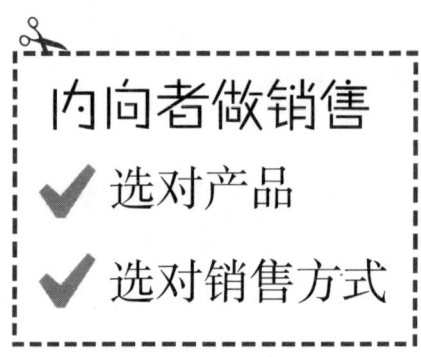

假设一个产品原理简单,技术门槛低,促成销售行为主要靠价格和客情关系,当我们把这个产品的销售交给一个内向者来完成时,如果他在销售过程中长期得不到正反馈,那将在未来的生涯中无法良性成长,致使很难坚持。因为那些更外向的销售人员在处理客情关系时相对会更游刃有余,签单的概率也就更大。

举个例子:比如你们公司以销售普通办公用品为主,其价格透明、单价低、利润不高、同质化也很严重,这意味着你公司的竞争力与你的对手公司相比并没有绝对优势,这时候就要看销售人员的公关能力了。如果派出的销售人员性格偏内向,大概率要输给那些善于社交的外向型销售。

但是,假设一个产品原理复杂、单价高、技术门槛高、不对称信息多,需要和客户建立长期信任关系才能成交,那么内向者反而具备成为这个领域顶尖销售的潜力。

举个例子:比如你销售的是一台设备,客户更关注稳定性、安全性、使用成本等综合因素,这些需要与客户长期接触、长期影响,才能赢得信任。如果只是把一堆参数呈现在客户面前，是不会起到任何作用的。

在这种销售场景下，客户往往需要首先对销售员这个人产生信任，才有继续了解产品的意愿。此时，外向者"能够速战速决，激发感性决策"的优势被削弱，反倒是内向者的稳健风格可以发挥更佳优势——内向者言少而精，更适合专业客户的口味；内向者专精技术，所做的技术陈述更容易让客户接纳。这种"细腻平缓"的交往氛围最大限度地发挥了内向者的优势，在"理性决策"占据主导的业务中，成交概率会更高。

所以，内向者不但可以做销售，还可能会做得更好，关键在于选择适合的产品和销售方式（在需要客户理性决策、决策时间也相对宽裕的）。

2.3 销售择业，一定要避开这些坑

大多数教育背景一般的销售新人在找工作的时候，其实是没有太多选择权的。只要不选择明显下行的行业就行，更关键的是通过这份工作来锻炼自己的能力，积累工作经验。

我一直建议销售新人优先选择 ToB 类型的销售岗位，而不要选择 ToC 类型的销售岗位。

简单解释一下，ToB 就是 to Business，也就是对公司进行销售，目标客户是公司；ToC 是 to Customer，也就是对个人进行销售，目标客户是个人消费者。

ToB VS ToC

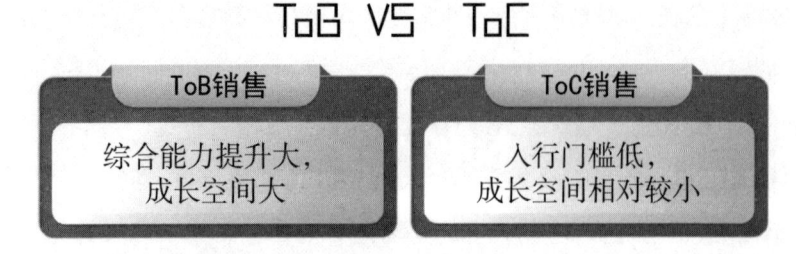

ToB销售: 综合能力提升大,成长空间大

ToC销售: 入行门槛低,成长空间相对较小

我为什么不推荐做 ToC 销售呢?

首先,我们会发现 ToC 销售岗位的入职门槛普遍都比较低,比如保险公司常年在招人,应届毕业生或没有相关经验的人都可能被保险公司选中。同理,销售汽车、房子的门槛也比较低。很多人在一段时间找不到工作,就选了这些门槛低的 ToC 销售岗位。

但是,为什么这些岗位入职门槛比较低呢?低门槛的工作,未来面临竞争和被淘汰的概率是不是也更高呢?有哪些独特的优势能保证自己在竞争中成功甚至出类拔萃呢?下面,我通过具体的案例来说明。

1. 纯电话销售

这种岗位需要销售人员不断打电话,成交率较低,因此薪水不会太高,一般情况下企业会招聘应届生来做。比如,很多互联网公司都设有这个岗位,很多应届毕业生不太了解电话销售的工作模式和工作内容,所以懵懵懂懂地加入了电话推销的队伍,每天要拨打几百个电话,每周要完成一定数量的转化率和销售额,压力非常大。

我认为,纯电话销售的岗位不建议工作太久,如果所在的公司比较正规,销售人员一般会接受一些相对系统的培训,在实际工作中也会锻炼自己的沟通技巧和胆量,千万不要因为做不好而自信心被打击。要知道,这份工作并不能真正反映销售人员的核心能力,而从事这份工作的价值就是:掌握熟练的技能,努力培养自己的毅力。

2. 房地产销售和汽车销售

为什么这两个岗位放在一起说呢?因为岗位性质非常类似。很多人在买房的时候,一般首先会选定地段,再根据小区周边配套、价位等因素筛选,综合筛选下来,可选择的楼盘其实并不多。假设我想买房,当我走进售楼处的时候,大概率已经提前做好了功课,心里基本认定要在这个地方买了,所以销售人员能提供给我的帮助并不大。

很多房产销售在上岗前须接受培训,培训的内容大多是怎么介绍小区的配套、房子的用料等,销售人员可发挥的空间不大。以后如果想换工作,很难实现跨行就业,大多数房产销售的选择是,换一家楼盘继续卖房,这就相当于早早地给自己设限了。

同理,我买车的时候,一旦选定了品牌和做好了预算,甚至不会走进其他品牌的4S店,更不会去比较配置高低。在这种情况下,接待我的销售只是帮助我办理提车手续而已。

你可能会觉得,像我这么有主见的消费者不是普遍的,大多数初次买房、买车的人仍然会感性消费,所以销售人员还是有一定作用的。这点我承认,面对这些客户,如果你形象好一点、声音好听一点、会说话一点,那么成交概率确实会高一点,但我想说的是,如果你有这么好的条件,如果去销售其他产品也同样具备优势。

不管卖车还是卖房，都是等着顾客找上门，是一种被动的行为，更多的是按照公司设计好的固定的销售流程去工作，所以这对于销售来说，只是一份工作而已。而真正地做销售，不只是做一份工作，而是在不断地对抗不确定性，充分发挥和激发自己的创造性，同时对自己的性格和见识进行充分地打磨。对于销售新人来说，这才能提高自身综合能力、拓宽自己的人际关系，才真正具有价值。

3. 保险销售

2006年我刚大学毕业，找工作的时候，招聘网站上铺天盖地的全是保险公司的招聘信息。当时，我投的大多数岗位的简历石沉大海，没有回音，而保险销售几乎一投一个准，甚至当天投简历，当天就能接到面试邀约电话，有时候就算没有投简历，也能接到保险公司的面试电话。

我当时就纳闷：保险公司这么缺人吗？他们为什么喜欢招聘应届生呢？多年后我才悟出来，这还得回归到保险这种产品和业务的特点来说。

首先，商业保险因为价格不算便宜，所以它是有特定消费人群的，主要是经济收入水平还不错的家庭用户。其次，保险产品的同质化现象比较普遍，很难突出差异化卖点，加上保险合同的条款对于大多数普通人来说都过于复杂，很难吃透，那么既然吃不透，各家公司的保险好像又差异不大，索性就跟我信得过的人购买，这样决策难度就会大幅度降低。

所以，商业保险这种产品可相对弱化对销售人员能力的要求，转而采用"人海战术"的销售策略,即用大量的销售员去触及更广的人群,提高"命中率"。

回看保险公司"偏爱"应届生,看上的也许不是他们的销售能力,而是他们的朋友圈和人际资源,而且谁的资源质量高,谁就更容易得到青睐。事实上,很多跟商业保险类似的行业,尤其是产品同质化严重的行业,都可以或者不得不采用"人海战术"。

当然,我也认识一些本身资源一般,纯靠自己努力获得成功的保险销售。他们跟其他行业的优秀销售别无二致,都是依靠自身的销售能力制胜。而这里探讨的保险销售特点并无任何贬低之意,只是想提醒大家:相对于其他传统产品的销售,这种依托社交资源的销售模式对于销售人员能力的锻炼可能是比较有限的,有必要提前考虑"当资源耗尽后怎么办?"的问题。如果销售人员只是想依靠自己的自身资源获得一些短期的经济回报,我认为销售保险是一个不错的选择;而如果销售人员想打磨一套可以长期赖以生存的综合能力,也许还有其他更好的选择。

4. 培训机构课程销售

2007—2008 年,我曾经在上海一家全球布局的中文学校担任中文课程销售,对于课程销售的理解还是比较深的。同样是 ToC 销售,销售课程相对比较复杂,有的还涉及长线跟踪,所以课程销售人员所需要掌握的技能和策略,我认为要明显多于前面提到的几种岗位,甚至有点接近 ToB 销售的特点了。

首先,作为销售人员,必须深刻理解自己所销售的课程,比方销

人人都要懂的销售思维

售人员要知道对于外国人来说,中文学习的关键点是什么?因此课程设计、教案设计和课堂设计具体应该关注什么?怎么做?或者,课程为什么是这样设计的?只有销售人员自己很懂、很专业,才能更好地说服对方报名。

其次,销售人员要非常善于和人打交道,尤其是在潜在客户偶然路过、上门咨询的短暂时间内,抑或是一封简短的询问邮件,销售人员必须迅速抓住对方的注意力和兴趣点,获得初步信任和认同,还要想办法要到对方的私人联系方式,保持长线跟踪,这就对沟通技巧和综合销售能力提出了更高的要求。

一般正规一点的、有一定规模的课程培训机构,往往还能提供非常完善和持续的岗位培训,帮助销售人员获得系统性的成长和见识。这种学习氛围比较浓厚的团队,相比售楼处、4S店、保险公司而言,整体工作环境和成长环境也会更可靠一点。

之前,在网上曾看过一个故事,一个人去某豪华车的4S店看车,销售人员爱理不理,那是因为大概率车本身不愁卖。但是,当你走进一家培训机构,很难遇到对你爱理不理、态度差的销售人员,因为他们有更迫切的商业竞争压力,有更强的服务意识,会更加注重客户体验。大家此时可以想象,两种完全不同的工作环境和氛围,对于销售人员的历练,会有多大的不同。以我切身体会而言,在培训机构做销售的那段时间,综合能力的提升非常明显。

再次强调,这里没有任何要贬低上述ToC行业的意思,更想表达的是:同样是做销售,如果真的在意长远的生存能力和职业发展空间,应优先选择更具挑战性的、能够提升自身综合能力、拓宽视野的行业。

之所以列举汽车、房产、保险、电话销售的例子,还有一个原因是因为在我自媒体平台的后台,很多给我留言的年轻人都来自或者正要进入这些领域。他们误打误撞进入这些领域,最后却发现自己要么不喜欢做销售,要么不适合做销售,要么做不好销售,最后搞的满身是伤。

如果你已经身在其中,可以用心感受一下自己当下的状态,知己知彼,方能百战不殆。希望看完我的分析大家能明白,不同行业的销售,差异还是非常大的。如果能为大家提供一些新的职业规划思路,以及重新找回自信和勇气,我将倍感欣慰。

2.4　个人销售风格漫谈:选对行,成功概率大大提高

每个人的销售风格是不同的,而销售风格主要与性格有关。那么,都有哪些常见的销售风格呢?

不同的销售风格,是否意味着会产生不同的销售业绩?

你属于哪一种销售风格?

你的销售风格,又是否适合你的客户呢?

如果我们能认真地思考以上问题,相信很快就能找到与自己个性匹配的销售工作,提高自己的成功概率。

为了尽量简明易懂,这里把销售风格分为两大类:外向型和内向型。

人人都要懂的销售思维

外向型风格的销售人员一般性格开朗、谈吐流畅,在社交场合,能够自然和快速地与客户形成互动。内向型风格的销售性格一般比较慢热,经常为找话题而烦恼,不适应社交场合,尤其在初次拜访或与不熟的客户交谈时,很容易陷入尬聊甚至冷场的不利局面。

下面,我们对这两种风格的销售人员进行拆解,"外向型风格"进一步可拆解为"恭维型"和"社交型";"内向型风格"进一步可拆解为"体贴型"和"技术型"。

你是哪种销售风格?

外向型	内向型
恭维型 社交型	体贴型 技术型

第一种,"恭维型"。

"恭维型"风格的销售人员主要表现为典型的自来熟,可以把个人姿态放得很低,全程面带谦卑的笑容,处处恭维和迎合客户。

或许有人会觉得,这种风格也太过时了吧?还真不一定。

曾经,我有一位同事就是这样的销售风格。我始终认为他对待客户过于"热情"了:比如每次见到客户就笑嘻嘻的左一声"哥",右一声"姐",进电梯时总是冲在前面弯着腰给客户挡门,诸如此类的行为。

我不认为这种"热情"有用,但事实却狠狠地给了我一耳光,他很擅长与那些中小企业里上了一定年纪的客户,以及一些女性客户打交道,会赞美他们。因为这类人群虽然"嘴上不说,面不改色,但心生欢喜",对于年轻人的赞美和尊敬非常享受,也很容易形成好感。其实,我们每个人都喜欢被人赞美,不是吗?

属于这类销售风格的人,千万要注意以下三点。

(1)一定要"迎合有方,恭维有度"。

我曾经有一个下属,经常不分场合地赞美客户。有一次,双方技术团队正坐在一起激烈地讨论技术方案,方案还在初步论证、双方设计理念亟待对齐的焦灼阶段,更加需要我方展现出专业的技术能力,帮对方解决技术难题,可他却一个劲儿地恭维对方技术团队负责人专业扎实、技术能力强。这招致了对方的强烈反感。在那样的场合下,解决问题是第一位的,任何恭维都是刺耳的干扰。

还有一次,我带他去见一位采购经理,恰巧对方的总经理也在场。他的本意是想在总经理面前好好赞美一下这位采购经理,方便以后开展工作,于是一个劲儿地夸这位采购经理工作认真负责、一丝不苟,连发货时都会到现场督导检查。总经理一听很不高兴:"发货检查,采购部和质量部是有专人驻场负责的,采购经理为什么要去呢?"言下之意,要么是工作理念不对,要么是有其他不可描述的问题。

所以恭维的方法和尺度都很重要,如果把握不好,不但可能引起对方的反感,甚至还会把生意搅黄。

(2)有的人可能不喜欢被恭维。

比如我就非常不喜欢被恭维,尤其是被当众恭维,这可能是性格所致,有人说这是一种性格缺陷,我自己也不太确定。我做了企业顾问之后,一个朋友引荐我去见一位公司的一把手,想帮我撮合一笔生意,当然也是为了帮那家企业解决一些实际问题。我们三人交流期间,这位朋友就一直恭维我,说我多么厉害。

出来后我就告诉他:"我知道您是为了帮我,一直赞美我,这点我要感谢您,但我确实不习惯被赞美。每个人性格不同,做事的方法也不同,每个行业的成交逻辑也不同,下一次您不用刻意恭维我,我们多磨合几次,互相适应一下脾性和节奏吧。"

所以,当你在恭维一个人的时候,一定要特别注意对方的反应(肢体语言,比如眼神、手势、面部表情等),如果察觉到对方有排斥的迹象,那就赶紧打住,否则你们接下来也许很难擦出火花。比如当你说:"王总,您的办公室装修得很大气,您的品位非常有格调啊!"如果这时对方不接话,只是一句简单的"谢谢"就岔开了话题,这就是明显的排斥。

这有两种可能性:

第一种,对方跟我一样性格偏内向,不喜欢被恭维或被当众恭维,那么针对这类人,就可以少花点恭维的心思,实实在在谈事情就好;

第二种,从人性角度来看,其实没有人不喜欢被恭维,因为被恭维也是一种被肯定,而大多数人总是希望自己被肯定的。所以,一个人不接受你的恭维,除了上面说的恭维方法和尺度不对,还有可能是跟你还不熟而已,他还没有做好跟你熟络的准备。

(3)会恭维只是块"敲门砖"。

它可以帮助销售人员更好地展开一段对话,打开局面,但恭维之外,所销售的产品一定不能差,同时一定要能把产品讲透,把产品价值阐述清楚;否则,还是很难拿到订单的。

简单整理一下,"恭维型"风格的销售人员比较适合:

(1)销售竞争激烈、价格透明、技术含量低的产品;

(2)小额订单的维护;

(3)对接企业是中小企业;

(4)接触的对象职位为采购专员、行政后勤等低职级人员。

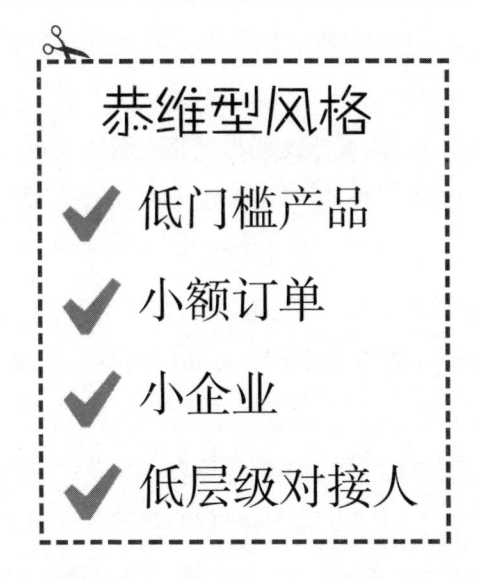

> **恭维型风格**
> ✓ 低门槛产品
> ✓ 小额订单
> ✓ 小企业
> ✓ 低层级对接人

第二种,"社交型"。

"社交型"风格的销售人员性格开朗、幽默、很会聊天,在社交场合中总能成为人群焦点。这样的销售员一般很有个人魅力,遇到偏内向的客户,甚至可以带动对方的情绪,引导整场对话变得轻松、愉快。

我还有一位同事,他和我经常一起拜访客户,以及做商务接待。

聊天过程中,他很擅长讲各种"段子",其中有几个固定的每次必讲的"段子",尽管我耳朵都听出茧子了,但作为缓和气氛暖场真的管用。客户哈哈大笑之间,聊事情就变得轻松了。

"社交型"风格的销售人员具备很多优势,但同样需要注意以下两点。

(1)一定要"牢记任务"。

有一些"社交型"的销售员过于活络,不知不觉就主导了对话,言语中喜欢炫耀、自我感觉良好,给客户造成不好的感觉,同时他也忘记了自己的"任务"。

之前我有个徒弟就属于这样的风格。因为我本人性格比较内向,所以对于一些心里没底、不太熟的客户,会经常带他和我一起去拜访,跟我打配合。最终效果也确实不错,他和客户东扯扯、西扯扯,把气氛调和得很轻松。我就趁着合适的间隙聊聊业务。整个过程是比较愉快的,同时我也得到了想要的关键信息,方便我策划下一步的行动。

可是后来我发现,每次他单独拜访客户回来后,当我问他一些业务细节的时候,比如"客户的项目进展如何?何时启动招标程序?还有哪家竞争对手也去拜访过?"他都一概不知。他这才意识到,虽然每次都和客户聊得很开心,可是却没有挖掘到全面、有效的业务信息。

所以对于"社交型"风格的销售员,在沟通中让出主角位置很重要。去拜访客户之前,建议可以用纸笔写下这次拜访的目的,列出一定要搞清楚的几个问题。然后在交流的过程中,多让对方开口,不要抢词,多聆听,一定要把那些关键话题都聊到。千万不要给人一种抢风头、不踏实的感觉，一定要注意自我控制。

（2）客户的性格可能是内向的。

内向的客户对于初次见面是不太适应的，所以当你看到客户似乎对你爱理不理的时候，并不一定是因为他高冷、傲慢、没礼貌或者没兴趣，也许他只是感到不自在而已。

这时，你的游刃有余反而可能让对方感到有压力，会迫使对方继续维持"高冷"来"抵抗"你。

这时，你作为销售员应该循序渐进地与其沟通，比如适当地放慢语速，降低语调，试着以更谦虚、温和的语气与其沟通，当你观察到对方笑了，或者他主动开始寒暄与业务无关的话，这就说明对方的状态放松了，已经卸下了防备，接下来的对话就可以良性进展下去。

简单整理一下，"社交型"风格的销售人员似乎更适合偏商务BD型的销售业务，接触的客户层级偏高，可以通过自己的学识储备和人格魅力给对方留下较好的印象。

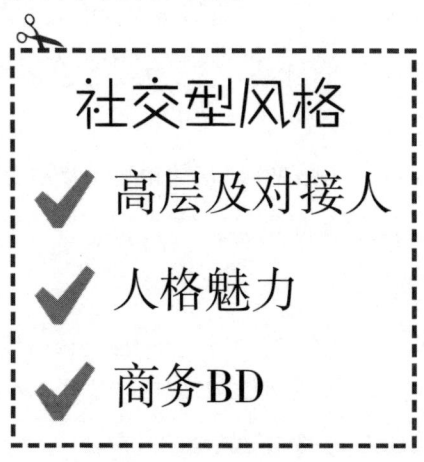

> **社交型风格**
> ✓ 高层及对接人
> ✓ 人格魅力
> ✓ 商务BD

第三,"体贴型"。

"体贴型"风格的销售人员会将细致和同理心发挥到极致。他们更注重如何去启发别人说话,喜欢聆听,多为客户着想,给人真诚、可靠的感觉。

"体贴型"风格的销售人员要特别注意:在沟通和交往中很容易进入过度卑微的状态,导致自己被客户利用。

我带过一个徒弟,他心地善良,特别体谅客户,经常会来找我说客户的难处,希望公司能给一个更好的价格和账期政策。

我告诉他:"客户是上帝没错,但我们同时也有责任为公司争取应有的利益。当对方发现你很体贴的时候,有的客户会信任你,给你订单;而有的客户却会利用你这个优点,或者说弱点,不断地向你索取,甚至用你的条件去压别人的条件,最后却把订单给了别人。"我刚做销售的时候也有过这样的问题,也被客户利用过。

做销售跟谈恋爱在某些地方很相似。恋爱中太过于卑微的一方会有怎样的结局,完全看另一方如何看待他的卑微。所以我的经验是,既要体贴,又要不卑不亢,这样会让客户在信任你的同时也尊重你。这对于高端的销售业务尤其重要。

简单整理一下,"体贴型"风格的销售人员适合:

(1)销售专业的技术型产品;

(2)销售大额项目;

(3)到正规的、规模较大的企业做销售,比如国企、知名外企、世界500强、行业"领头羊"等;

(4)与高管、CEO这类职位较高的人接触。

> **体贴型风格**
> ✓ 高门槛产品
> ✓ 大额业务
> ✓ 大企业
> ✓ 高层级对接人

第四,"技术型"。

技术型销售人员一般少言寡语、沉着冷静,但精通技术。他们做业务"直来直往",跟客户除了聊产品、技术,很少聊别的。

如果双方都是技术派,都不爱闲聊,有事儿说事儿,那双方的相处会很舒服;而且在技术讨论的过程中很有可能擦出火花,比如一起解决了某个技术难题,那么还能结下战友情谊。这些对拿下订单都是有帮助的。

这种风格的缺点也很明显,即局限性很大。一旦遇到非同类风格的客户,可能连门都进不了。我拜访客户时经常也会带着技术人员,有几次在与客户交流的过程中,我的技术同事甚至和客户"吵"了起来,就因为双方对技术方案中的一处细节有不同意见。如果技术同事转销售岗,要克服自己"轴"的一面,因为销售往往更强调沟通的方式方法,求同存异。如果能意识到这一点,转型的成功率会大幅度提高。

简单整理一下,"技术型"风格的销售人员在择业时应优先争取进入行业"领头羊"的企业,这样在实际工作中,客户的质疑和争论就会少很多,销售人员可以专心发挥自己的技术优势。不少知名外企的销售员多是这样的风格,十几年如一日地沉在一个细分领域,一个岗位上,非常稳定。

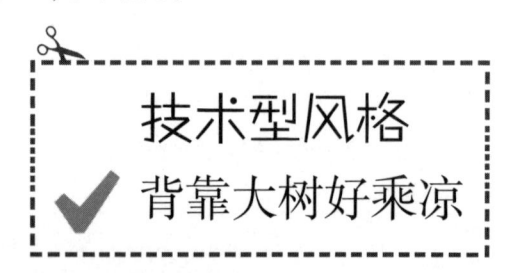

> 技术型风格
> ✓ 背靠大树好乘凉

你觉得自己的销售风格最像哪一种呢?这四种风格并没有涵盖所有的状况,也没有绝对的优劣对比,事实上他们是互补的,需要被穿插运用。了解自己的性格优势和劣势很重要,这样你就可以在销售过程中扬长避短,随机应变,这对于提高销售业绩至关重要。

第 3 章
销售不只是卖东西

3.1 销售产品，先要销售自己

在我带销售团队的这些年中，我经常跟下属说，要想销售产品，首先要成功地把"自己"销售出去。具体来说，我们到底凭借什么把"自己"销售给客户呢？

答案就是，你给客户的感觉。如果客户对你有好感，那么你就能成功地销售自己，合作机会就自然而然地产生了。

要让客户对你产生好感，就必须和客户多打交道，每一次打交道都是让客户接受你的好机会，尤其是最初的几次。很多销售新人会犯一个共性错误，认为只要对客户客客气气，就能获得客户的好感。

实际上，并不是这样。就好比一个男生追求一个女生，如果只知道给女生送小礼物却不懂得真正地关心她，想必是很难获得女生的真心的。

我们不妨回想一下：

(1) 你还记得和某个客户初次见面的场景吗？

(2) 你当时的穿着打扮、言谈举止给客户的感觉是什么？

(3) 除了业务，你还跟客户聊了些什么？聊得愉快吗？

(4) 你答应第二天给客户发报价函，但却忘记了，客户的态度有什么不一样吗？

(5) 如果你能合理说明原因、真诚致歉，并且迅速补发了报价函，客户的态度又有什么不同？

可以说，销售人员的任何一个细微的表现，都会给客户带来不一样的感觉和印象，影响客户对你的评价，比如你做事是否细致？是否有足够的职业素养？是否总是值得信赖？

所以，能让客户产生好感的人，其实就是我们口中那些"靠谱"的人。一个靠谱的人，会给人一种想要跟他合作、放心跟他合作的感觉。

一个优秀的销售首先一定能够让客户放心托付，同时，必须要为客户解决问题，提供价值，这是销售的本质。

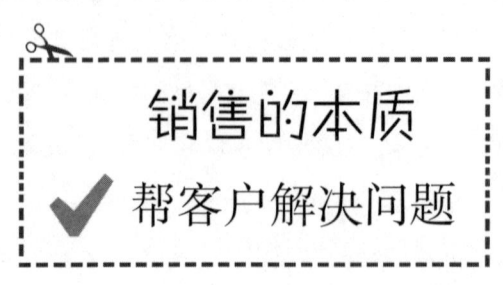

```
销售的本质
✓ 帮客户解决问题
```

3.2 你适合做销售吗？做销售需要哪些特质

上一节我们讲道"销售其实就是销售'自己'",那么沿着这个思路继续挖掘下去,很轻易就能想到这句话的另一层含义:很多时候,客户看中的不一定是你所销售的产品本身的价值,而是通过你这个人(而不是别人)来购买这个产品的独特价值。他对你印象更好,所以同一个产品,他就更愿意从你手里买。如果你是销售新人,可能会觉得这很不可思议,但很多有经验的销售员或许会有更真切的感受,因为他们或多或少都经历过这样的"客户宠爱时刻",这才是最坚固的业务"护城河"。

那么,这样的"客户宠爱时刻"如何得来？毫无疑问,经验积累是至关重要的。

2011年,我在一家小贸易公司工作,凭借自己的学习、洞察和钻研,帮公司开发了一个新产品,并最终拿下了一个国外大客户,也因此赚到了自己人生的第一桶金。为了做成这笔业务,我前期付出了很多的努力。当时,我只身去国外做市场调研和业务开发,那也是我这辈子第一次坐飞机,第一次出国。有一些我永生难忘的回忆,与大家分享。

首先是办签证。那时候,我不知道还有签证代办机构,完全是自己上大使馆网站,根据要求一步一步准备各种材料,然后再预约去上海大使馆面签。光是准备材料就花了至少两周的时间,包括个人资料、工作证明、收入证明,以及全家人的信息,不敢有半点疏

人人都要懂的销售思维

漏。因为商务签证非常麻烦,所以我申请的是旅游签证,去面签的时候内心非常忐忑,怕被拒签。当面签官问我出国干吗时,我的回答是:"去旅游,打算去费城看76人队的比赛。"碰巧面签官也是76人队和艾弗森的球迷,因此很顺利地就拿到了签证。

签证下来之后,我就开始订机票。在那之前,我从来没有订过机票,连机票长什么样子都不知道,更不知道订国际机票有什么特别的注意事项。最后,我用自己的英文名 Nick Zhang 订了一张从上海到洛杉矶再转去芝加哥的联程机票,结果却很意外。

涉世未深,天真如我。我想既然是出国,应该是用英文名订机票、订酒店的吧。出发当天,我在浦东机场托运行李的时候,航空公司的地勤人员发现我的机票姓名跟护照姓名不一致,机票上的姓名是 Nick Zhang,而护照上的姓名是 Lei Zhang。地勤工作人员告诉我,这种情况下是不能让我乘坐飞机的。我当时一下子就懵了,为了这笔业务,我已经把所有的准备工作都提前做好了——出差期间需要拜访将近十家客户,去七八个不同的城市,行程都已经提前确定了,甚至哪一天到哪个城市,上午几点去哪家客户,晚上乘几点的飞机去另一个城市,以及相关的机票跟酒店也全都预订好了。如果飞不了,那么所有投入的资金无法撤回,怎么跟领导交代呢?要知道那只是一家十几人的小公司,此前公司从未这么支持一个员工去国外出差开发业务。更重要的是,好不容易约到的这么多潜在客户,下次能不能再约上?能不能再凑到一次行程中,都很难说。

于是我就请求地勤工作人员,看看还有没有其他办法。工作人员打了两个电话,最后告诉我:"如果我愿意跟航空公司签一个免责声明,就可以让我登机。"大概的意思就是到那边入关的时候,当地边检人员可能会以姓名不匹配为由拒绝我入关,然后原地遣返,甚至会罚款并留下不良入境记录。如果我愿意接受这个风险,他们就让我上飞机。

我当时极度纠结,脑子里闪过了无数个糟糕的画面。但即便如此,最后我还是咬咬牙,签了字,毅然登上飞机。

一路上我的内心都非常忐忑,我不断告诉自己,等入关的时候,跟人家好好解释,一定能说得通吧?

入关时,我战战兢兢地递上自己的护照和登机牌,对方立马发现姓名不符,就问我怎么回事。我非常诚恳地、一五一十地告诉他:"这是我第一次订机票,第一次出国,没有经验……"没想到对方很爽快地就盖章放行了,只是提醒我下次一定要注意不要再搞错姓名了,并且祝我旅行愉快。

就这样,我开始了在异国他乡的"旅行"。

3.2.1　具备哪些性格特质的人,更适合做销售呢

1. 强烈的目标驱动

在这个案例里,我的目标很明确,就是一定要与一家国外客户签订合同,因为我知道一旦签订,会让公司有更大的发展,开发更大的业务。我当时所在的公司很小,没有工厂,也没有品牌,想要直接跟国外的工程总包商谈价值几千万的供货合同,几乎是没有可能的。所以我约了国外近十家客户,他们都是有品牌、有实力的,他们

有能力也有资质去承接这种业务。如果碰巧哪家还不知道这个项目的话,我也算是为其提供了一个很好的商机。所以,我一定要一家家去面谈,纵使遇到再多困难,我也一定要完成这一轮拜访。

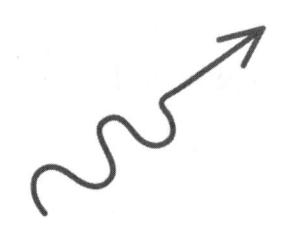

永远不要忘记目标 一切都是为了目标

没有人教我这么做,我当时能想到这么做,纯粹是出于"解决问题"的本能。我很清楚地知道我的目标在哪里,可是路却走不通,我要么换一条路,要么拿出"愚公移山"的劲头,一点点移除障碍。

说到底,做销售一定要有"解决问题"的思维。反观有些人在做销售的时候,他的目标只是公司给的 KPI 数字,比如每天必须打多少电话、每周必须完成几次拜访、每个月必须成交几个新客户、完成多少业绩等,而从来不去思考这些 KPI 是否合理、是否有助于自己拿到更多业绩、获得更多成长。他没有自己的目标,都是在为别人干,而不是为自己干。

很多人会说,KPI 是公司给的,"爱干干,不爱干就走",除了遵守,还能怎样呢?如果是我,我可能为了"眼下的生活",遵从公司的 KPI 目标,但我一定会有一个经过深思熟虑后的更远大的个人目标。我不会让公司的 KPI 把我困住,比如我可以先努力工作,在当下这个平台积累能力和资源,如果未来我发现一个好的机会,可以让我发挥更大的价值,那我就要为这个机会去努力,让自己的能力与这个机会匹配。只要有了这个目标，我平时就不会叫苦叫累、迷茫无助了。做任何一件事，一定是要围绕一个清晰且坚定的远大目标。如果一个人没有设定远大目标的意识和能力，那么他的认知就会停留在固定的那一层，想要跨越圈层很难。

2. 有胆量，有气节

胆量是销售的基本盘，销售靠的就是一股气。

我顶着巨大的心理压力，毅然登上出国的飞机，这就是突破自己的胆量。优秀的销售人员一定要有风险预判和风险承受能力，即对风险进行合理的分析评估，确保能承受最坏的结果，而不是不顾后果地莽撞行事。如果你是一个莽撞的人，或者是一个风险厌恶型的人，那么你可能要慎重考虑一下自己是不是适合做销售了。

胆量是销售的基本盘

回想自己16年来从事销售的种种经历，每每想放弃的时候，都是靠着一股气撑着往下走。做销售是需要一些胆量的，要有"明知山有虎，偏向虎山行"的胆量，要有"以弱胜强"的信念，以及不卑不亢的气节和正义感。

在公众号后台，经常有网友给我留言，向我咨询一些销售问题，我发现他们中的一些人也许并不适合做销售，因为缺乏我说的那股气。每每面对客户冷遇和刁难的时候，他们除了感到无比的愤懑，却没有任何方法和勇气,去尝试站在客户的平等位置进行对话,只是一味地忍受、被欺负,甚至被客户利用。

方法总比困难多,失败的时候,更要及时复盘、总结。就像我当初做销售一样,明知自己不适合做销售,但逼自己一定要咬牙坚持,起因只是因为不满意当时的自己,想要改变性格、改变人生,所以故意要跟自己"死磕"。不管我们从事什么职业,总会有失败和不如意的时候,想要取得更大的成就,决心、勇气和毅力是不可或缺的。

在前面的内容中,我提到,刚开始做销售的时候,需要到工业园里一家一家地拜访,经常被门卫拦在门外。后来我就瞅准中午吃饭时间,员工进进出出,人流量大的时候,跟着人流挤进去。这也需要一点胆量,因为胆小的人会担心被发现,担心进去之后被轰出来,但你想,就算被轰出来,大不了就是当众出个丑,我一没偷二没抢,如果这点胆量都没有,那还做什么销售?其实这也呼应了第一点,想方设法挤进去,就是为了要达成目标,比如,今天的目标就是要见到他们的采购经理。如果你一开始就没有明确的目标,自然就缺乏目标的驱动力,有了驱动力,做事的勇气和胆量才能跟随其后。

3. 意志坚忍

我一开始做销售还是很苦的,体力上的苦倒还好,内心的苦是比较痛的。因为我的性格,我得不断地与自己的内心做抗争,逼自己去改变、妥协,这个过程需要异常坚忍的意志。

具体来说,就是要问自己:我是不是坚定地要走销售这条路?当时的我是很坚定地要走这条路的,因为家境贫寒,想通过销售早日让家里人减轻负担,靠自己成家立业。虽然我也知道自己不适合做销售,可一旦认定了这条路,我咬着牙也得走下去。

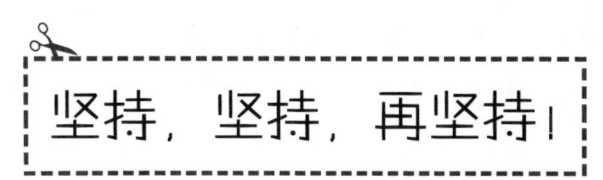

> **坚持,坚持,再坚持!**

一个人不管做任何事,如果没有坚忍的意志,遇到困难的时候就很容易达成自洽,给自己找到很多合理正当的理由来解释自己的失利,慢慢地放弃。比如品牌不如别人知名,产品不如别人优质等。

所以,一个人适不适合做销售,还要看这个人有没有坚忍的意志。如果有,即便他本身并不适合做销售,也有可能把销售做好,毕竟人是可以改变的,技能也都是可以学习和锻炼的。有了坚忍的意志,就等于是重新给了自己一个机会。

如果没有,即便大家都觉得你适合做销售,也不可能做得好。性格加上意志,一个也不能少。

4. 细致,细致,再细致

在上面这个出国开拓业务的案例中,你可能会有一些疑问:

(1)我是怎么说服近十个潜在客户同意我上门拜访的?

(2)我是怎么提前预订每一程的机票和住宿的?(为节省成本,节约时间,必须货比三家,同时测算好机场到酒店的距离,酒店到客户的距离,客户到机场的距离等)

(3)我是怎么确定每一家客户具体的上门时间,以及最后规划最佳出差路线的？

（4）我是怎么确定拜访顺序的？（确实，这轮拜访是有严格的顺序要求的，因为只有先得到客户 A 的信息，去客户 B 那里才更有成效，所以整个拜访行程的策划是一个缜密的信息分析和战略规划过程。）

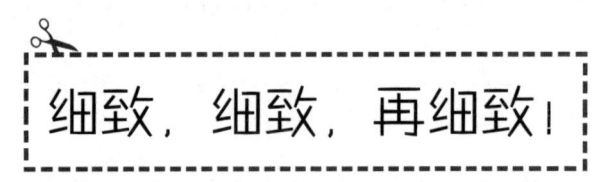

> 细致，细致，再细致！

我在出国前花了至少两个月的时间，持续不断地对客户进行调研摸底以及确认各种信息，最后带着一份时间安排非常细致的每日行程表踏上了旅程，我的所有计划都精确到了小时，都做了提前规划。甚至对目的地国家不同城市的历史和文化的了解，也做了很多功课，这些都是谈资，有助于提高我和客户的交流质量。只有做到这种程度，才能保证一切按计划进行，才能取得更好的拜访效果，同时也能让对方感受到我细致的一面，对我做事感到放心，也就是建立信任。

我看很多销售在与客户的交往过程中，今天忘记了会议时间，明天忘记及时回复一封邮件，给客户留下的印象就是不细致、不用心，所以，细致是建立信任的超级法宝。

5. 强烈的责任心

销售人员的责任心体现在以下两个方面：

(1) 对客户的责任心。在这个案例中,比如提前约好的时间,就一定要守时,假设因为我订机票写错了姓名,导致行程被迫取消,在我认为极其合理的原因,但在客户看来,那是我自己的事儿,而客户的行程都已经为我确定甚至改动了,结果我又去不了了,这会让客户感到不自在,因为大家都很忙。另外,一个连机票都不会买的人,或许是一个没经历过大风大浪的人,跟这样的人谈合作,安全感在哪儿?

(2) 对公司的责任心。公司在我身上投入的所有资金,我都是要对公司有所交代的。因为我知道公司给的这次机会来之不易,如果不上飞机钱就会打水漂,我会很自责,所以我不能轻易放弃。或许有的人会说,大不了回去向领导解释呗,相信领导是能理解的。

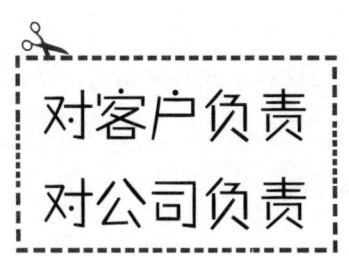

> 对客户负责
> 对公司负责

任何时候,咱们做销售的一定要对所有利益相关方都负起责任。一个没有责任心的人,很容易为自己开脱,工作一定也做不好,不管是从事什么职业。

3.2.2 进一步提炼,做销售需要哪些能力素质呢

做销售需要以下七种能力:

人人都要懂的销售思维

销售的能力素质

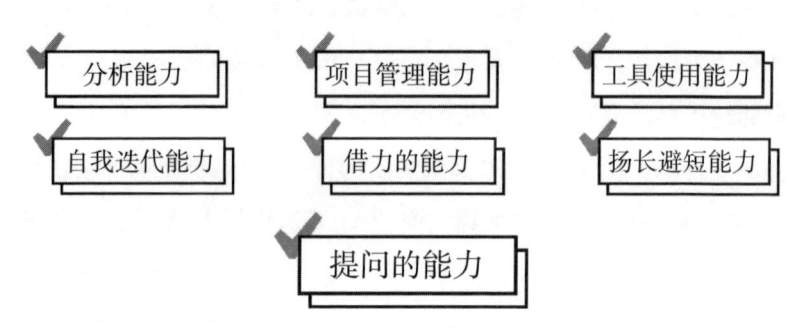

- ✓ 分析能力
- ✓ 项目管理能力
- ✓ 工具使用能力
- ✓ 自我迭代能力
- ✓ 借力的能力
- ✓ 扬长避短能力
- ✓ 提问的能力

1. 分析能力

分析能力，主要是洞察、搜集和分析具体数据或者市场发展的能力，比如分析某个业务、某个客户，以及客户与业务之间的关系等。销售一定要对数据敏感、对市场敏感，要能洞悉复杂数据和复杂形势背后的机会，方能找到业务突破点。很多销售遇到问题脑袋就发蒙，理不出思路，只能干着急。遇事临危不乱，善用分析，厘清脉络，是销售的必备素质。

2. 项目管理能力

对于一个具体业务或项目，销售人员必须具备看清整体画面、逐层分解至具体行动方案，并执行落地的能力。比如上述提到的如何约访客户，如何规划最佳出差路线，甚至拜访客户的先后顺序等，如果缺乏对项目目标和最终成效的精准预期（看得到整体画面），就很难做到周密细致的策划，最后的结果可能会大相径庭。

3. 发现和善用工具的能力

任何行业都在进化，销售人员的技能要求也在进化，比如在传统销售模式下，销售人员需要自己想办法获客，而随着新媒体营销的发展，可以线上获客，线下成交，所以销售人员获客能力渐渐地不再那么重要，而销售线索的转化能力变得尤为重要。

销售人员一定要有意识地去发现并使用新工具，从而更高效地完成销售工作。比如在出国拜访的案例中，当时我借助了目的地国家的一些机票和酒店预订网站完成了复杂的机票和酒店预定工作，相比使用国内网站，节省了不小的费用；另外有几家客户，其实是通过海关数据网站找到的。现在十多年过去了，又有更多可以大幅度提高销售人员效率的新工具出现了，比如各种 Martech [Marketing（营销）+Technology（技术）+Management（管理）] 工具，建议大家平时可以多留心。

4. 持续自我迭代的能力

做销售，永远没有最好的方法，但永远有更好的方法。所谓熟能生巧，是指同一件事反复做，必然能形成一些特别的心法，越做越顺，越做越高效。这里，重要的是心法，而不是肌肉记忆，前提是要刻意地练习和复盘，不断地问自己还有什么可以改进的？怎样才能做得更好？不断地优化甚至推翻之前的方法论，这就是销售的自我迭代。

有些人认为知识付费不好，其实不用在意其他人的感觉，按照自己的想法和需求来就好，购买学习专业知识是一个很好的自我迭代方式，每天投入 2~3 小时的时间进行阅读和学习。然后自己归纳、总结、吸收。同时，结合自己的实际经验，不断升级思考和做事的方法。销售人员尤其需要时刻提醒自己，客户每次见我，见得是同一个我吗？<u>销售人员具备自我迭代的能力后，客户看到的将不再是一个普通的销售员，而是一个与时俱进、活力四射的销售员，每次都有新观点、新想法、新方案，只有这样，才能持续拿下业务，拿下更好的业务。</u>

做销售如此，生活也是如此。每犯一次错，没吃一次亏，下次都会有点长进。一次次的长进积累起来，生活才能越来越顺。

那么，我们日常该保持怎样的自我迭代习惯呢？你所在的行业每天发生了什么？有什么行业趋势？你的产品和服务应该如何持续优化？是否有更好的商业模式去为客户提供更多的价值？说实话，我每时每刻都在研究这些问题，并保持了"一边想，一边写，随时记录"的习惯，这就是我持续进行自我迭代的方式。长期坚持，相信会有不小的收获。

5. 借力的能力

在上面的案例中，我孤身前往目的地国家，整个开发过程几乎也全凭一己之力。我并不推崇这种单打独斗的模式，但在当时这么做主要有以下两个原因。

（1）当时公司着力开发全新的产品、新的业务，我的领导也完全没接触过，几乎无法给我提供任何建议和帮助，所以他充分放手，无条件地相信我。

（2）当时我已经大学毕业并做销售好几年了，但效果和收获一般，所以我想要努力证明一下自己。

于是，就有了那次全凭单打独斗拿下超级业务的经典案例。但是从另一个角度来看，我实际上是借了一个更大的力，那就是小贸易公司不可能拿下的订单，我最终通过国外的客户，撬动了一个不可能的生意。

6. 扬长避短的能力

在上一章我们分析了四种不同的销售风格，本质上就是告诉大家，这世上没有"一招鲜，吃遍天"的销售技巧。每个人都要根据自身个性去选择适合自己的销售岗位、销售场景、行业、客户群体等。做销售一定不要只盯着自己的短板，而要学会扬长避短。

曾经有一个做财税服务业务的销售新人问我："我干了半年都没有开单，很苦恼，很煎熬，对自己非常失望，对未来更是感到迷茫，我该怎么办？"

在与他沟通之后，我发现他完全不像自己认为的那样"无能"。他平时很喜欢和人交流，朋友很多而且彼此间关系也很融洽，这说明他的人际交往能力完全没有问题。而财税服务的主要销售方式是电话销售，这可能是问题所在。他更擅长面对面沟通，通过面对面地与人互动，结合表情、肢体语言，会让他更具感染力，其实很多人都是这种情况，拿起电话进行推销，无法真正发挥自己的优势，反而因为缺少互动而导致自己更加紧张和语无伦次。

所以我告诉他："你的个性其实很适合做销售，只是这种通过电话销售的模式不适合你而已，也许你可以换一家公司，做那种需要拜访客户,与客户面谈的销售工作,一定可以找到感觉,而且发挥得更好。"

7. 提问能力

做销售的核心技能和途径,其实就是挖掘信息。而挖掘信息的最佳方法,就是提问。可以说,提问能力的高低,直接决定业绩的好坏。关于这个问题,我们将在后面进行详细讲解。

3.3 培养销售能力,你需要坚持这些习惯

在讲述"培养销售能力的好习惯"之前,我想告诉大家,<u>销售能力≠销售技巧</u>。

技巧是能力的一部分,因此很多销售新人会错把技巧当能力。但实际上,<u>技巧只是辅助因素,能力则是一个复杂的综合体,是核心竞争力</u>。

举一个很简单的例子,假设你掌握了标准的美式英语发音技巧,如果让你去做一名外交官,显然还需要很多发音技巧之外更重要的能力。换句话说,英语流利是成为外交官的一个有利因素,但并不能成为你的核心竞争力。成为一名优秀的外交官,更应该关注如何提高谈判能力、危机应变能力,如何塑造独特的社交风格、个人魅力等这些综合素质,这才是核心竞争力。

在我的自媒体后台,问的比较多的问题之一就是"老师,我特别不会说话,一见到客户就紧张,不知道说什么,请问您能不能推荐一

些可以帮我提高沟通技巧的书籍或课程？"

实际上，你可以找到很多讲述销售技巧的免费和付费内容，诸如"说服客户的8个技巧""搞定成交三步法""电话销售成交方法"等。这些内容有一个共性，它们都是碎片化的技巧，读起来很爽，似乎在看的同时，你已经感觉到自己变厉害了。但是技巧就是走捷径，技巧大多带有很强的个人和场景属性，因此其适用性是有局限的，这就是为什么最终我们会发现很多技巧看似明白，但在很多场景却根本无法使用的原因，因为你只知其形，不知其意，生搬硬套的结果将导致较高的失败率。

在我看来，与其去学习销售技巧，不如坚持做下面这些事：

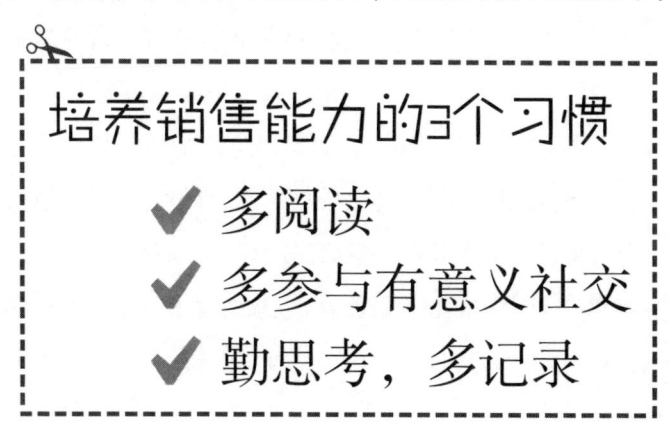

> **培养销售能力的3个习惯**
> ✓ 多阅读
> ✓ 多参与有意义社交
> ✓ 勤思考，多记录

1. 大量阅读

对于销售人员而言，大量阅读是储备知识和扩大视野的最有效方式之一。销售人员首先必须要深入钻研自己的产品、了解行业资讯。

前一阵子，我想在网上买个台灯，就进了一家专门卖台灯的店铺。我看到有两个型号价格差不多的台灯，外观都很喜欢，举棋不定，于是就询问客服这两个型号的灯具体有什么差异。客服回复："两款灯差不多。"我理解这或许是一个标准的促单话术，抑或是他/她根本不知道差异在哪里，当然也有可能是他/她此时心情不好。

实际上，我在简单研究之后发现，一款灯带内置锂电池，另一款灯只能连接电源插座使用。而我正好需要内置锂电的台灯，因为偶尔可以短暂移动至小书房使用，可以省去必须插线的麻烦。如果客服第一时间告诉我这个差异，就是帮我解决了大问题，我反而会毫不犹豫地、更快地下单。

关于行业知识，简单来说就是，销售人员要知道行业里的最新资讯，比如哪家公司停产了？哪家公司上市了？哪家公司出新品了？哪家公司首创了什么技术？等等。这些都是销售人员与客户的谈资，能让对话变得更丰富，让自身的专业形象更丰满，也可以帮助自己更好地设计和调整业务策略。同理，一些看似碎片时间的阅读也都有助于扩大视野，比如社会热点、时政新闻、经济和商业评论、历史等。作为参考，我每天花在阅读上的时间，零零碎碎加起来大约有三小时。

2. 更多有成长意义的社交

如果你已结婚生子，很可能大多数时间已被家庭绑定，感觉社交时间越来越少，很多人除了工作应酬之外已经没有任何社交活动。如果你还单身，或者有相对自由的可支配时间，那么我建议你尽可能多地走出去,主动创造和参与更多有意义的社交,这将让你受益匪浅。

你可能要问:"社交跟提高销售能力有什么关系?"社交活动是天然的训练场,可以不断强化你的人际交往能力,这里面就包含了很多碎片化的销售技巧,比如沟通、提问、情商等。

你可能又要问:朋友聚会算是有意义的社交吗?到底怎样的社交是有意义的?其实这真的很难一概而论。但以我的经验,可以给出以下两个判断标准,供你参考。

(1)社交目的:是不是为了谈一件有价值的事情,解决一个有价值的问题,对你的成长有帮助?

比如谈合作机会、谈创业想法,哪怕是同事和朋友间谈谈怎么突破当前的职场困境以寻求升职加薪,这都是为了解决某个有价值的问题,那么我认为这样的社交就是有意义的。如果只是单纯地喝酒吃饭,或是跟朋友相约去逛街、看电影,这些是你的日常社交。

(2)社交对象:是不是跟比你厉害的人在一起,你能从他身上学到东西?

同样是谈合作机会、谈创业想法,如果是跟一个和你资源、能力、境遇都差不多,甚至与你有一定差距的人一起进行,也许意义不是很明显。我认为,有效社交是要能从其他比你更厉害的人身上汲取某种启发、指点或解决方案,也就是借力达成一些你自己无法达成的结果。

你也许会觉得,这样的社交有些复杂了,其实,这并不冲突:只要时间允许,我们当然可以跟朋友一起喝酒、吃饭、逛街、看电影,那是我们必要的生活调剂;但同时,我们也应该匀出一些时间进行一些有成长意义的社交。

如何让那些比自己厉害的人愿意与自己交往呢？

首先，厉害不厉害是相对的，而不是绝对的。我们总有某些独特的优势是别人所不具备的，如果那个优势恰好是别人所需，那我们就能撬动看似比自己厉害很多的人。比方说，我做自媒体已经好几年了，身边有些挺厉害的人会专门找我询问，其中不乏早已实现财务自由的前辈，希望我传授一些经验。

其次，这也提示我们每个人都要不断地寻求提升，蜕变成更厉害的自己，从而能够吸引更多更优秀的人向自己聚拢。

3. 勤思考，多记录

保持思考的习惯很重要，实际上就是要时刻保持好奇心，以及坚守追根溯源的精神。

我的PC端和手机端有一个可以实时同步内容的记事本，每当我有一个想法，就会及时用手机进行简单记录，然后在空闲的时候，在电脑上输入自己完整的思考过程，并且我要求自己必须逐字逐句地写成逻辑缜密的文章，不允许只写成提纲或者画个思维导图就完事。

这也许是我写公众号养成的习惯，但不得不说对我的影响非常大。很多转瞬即逝的想法，本来一忙起来就忘在脑后了，但因为自己给自己定的这样一套流程，很多想法得以被模拟、验证，有的还通过分享获得了别人的评价和反馈，最后形成了有价值的方案和储备。

我在不同场合多次分享了这条经验,有同学问我:"老师,那你到底思考和记录哪些想法呢?"

坦白说,在被问到这个问题之前我从来没有想过这个问题,因为对我来说那都是类似肌肉反应的动作,而此刻我意识到这个问题非常值得讨论。实际上,只要是我觉得有价值的灵感和发现,或者我自己还没有搞明白的想法,我都会思考和记录,没有任何题材的限制,比方说:

在上班路上,那个早餐车为什么会选在一个看似冷清的路口摆摊,生意却还那么好?有什么选址逻辑?

看到淘宝卖家用"软乎乎"描述拖鞋的脚感,这个文案到底差在哪儿?

人民币升值,外贸企业压力剧增的同时,又有什么机遇?

诸如此类,我的关注点非常分散,但很多想法经过思考和记录之后,最后即便并无实际用处,但我的思维得以训练,这些都有助于不断提高我解决问题的能力,使得我能够更加胜任包括销售和管理在内的诸多复杂工作。

以上就是我一直坚持,并且自认为对我产生决定性影响的三个重要习惯。如果你也能坚持做这三件事儿,我相信你的综合能力一定会在不知不觉中稳步提升。

笔记栏

第2篇 实战篇

你可能早已跃跃欲试,想要进行实战了吧?相信有了思维篇的铺垫,接下来的所有实战技巧会更加深刻地印入大家的脑海。销售实战的课题非常多,但是受篇幅和形式所限,我仅能根据自己的切身经验,选定一些我认为非常重要的课题来讲述,并且引用的都是我职业生涯中的真实案例,希望能让大家获得更加沉浸的体会。我不但分享了案例,还着重分享了每个案例背后我的心路历程和解决问题的思路,这些是我认为更加重要的东西。

还是那句话,不要套用任何学到的技巧,而是要领会技巧背后的思路,这样才能见招拆招,屡战屡胜。这个实战篇,就是为了帮你做到这一点。

第 4 章
销售小白应该懂的那些事

4.1 如何练胆量

前面的内容中,我们提到胆量是销售的基本盘,那怎么练胆量呢?下面我给大家分享四招,只要照做,肯定能减少你的恐惧。

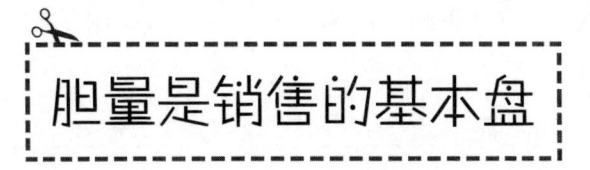

> 胆量是销售的基本盘

我就是很内向很胆小的一个人,在我刚做销售的时候连电话都不敢打。

我先问大家一个问题,假设你现在做的是销售的工作,这个工作是否为必选项?这个工作如果干不好,房租还能付得起吗?如果让你重新找份收入更高、压力更小的工作,你能找着吗?

什么叫胆量?本质上就是突破自尊和面子的勇气。怎么做到呢？你不妨这样想：虽说我是有求于人，我要卖东西给别人，但我也确确实实能为客户提供价值，那么，我有什么可为难的呢？我有什么不好意思的呢？

所以想练胆量，首先是要对抗自己内心的"软弱"，其次是要找到真正的成功体验。

这里，我分享四个练胆量的具体方法：

第一，每天逼自己打至少 10~20 个陌生电话。请注意，不要把电话打成骚扰电话。做好功课，想好你能给对方提供怎样的帮助和价值，再拨出电话。

第二，每周至少挑两天出去扫楼陌拜。我刚毕业在上海做销售，陆家嘴和人民广场周边几乎所有能进得去的写字楼，我都一层一层扫了个遍，经常要跟保安斗智斗勇；一开始我也很羞怯，多练练就好了。被保安轰出来，也没什么大不了，因为谁也不认识我，也没有人会嘲笑我。保安把我轰出来，那是他的工作；我跟他套近乎，那是我的人情世故。

第三，如果客户拒绝见面，那就继续约，或者带上方案去他公司楼下等他，一次不见，就两次，两次不见就三次，我是这么过来的，相信很多销售也是这么过来的。

以上三点本身不是目标，最后到底跑了几层楼、发出去几份资料、拿到几张名片、有没有卖出去东西根本不重要，真正的目标是突破自己的舒适区。舒适区一旦突破，销售的大门就真正打开了。

第四，非常重要的一点，就是你必须得有成功体验。

只有等你成交一次、二次、三次后,你才会发现,签合同收款的感觉有多么美妙。房租有着落了,情人节也能去浪漫了,买车的计划又提前了。多想想这种感觉,就能冲淡你所有的恐惧。

很多销售干了很久,胆小的毛病一直没变,本质原因可能是没有做成过像样的业务。但凡你狠狠地成功了那么一次,胆小这个问题就迎刃而解了。如果短期内自己很难独立成交业务,那么抓紧拉着你的师傅、经理,借他们的力成交一个客户,然后你的自信心就来了,就海阔天空了。

同样的,那些难以启齿的表白、道歉、忏悔,越是不敢表达,越是压得你喘不过气,而一旦你鼓足勇气做到了,并收获了对方的理解与认可,你一定会感谢自己的勇气,要不然真的可能会后悔一辈子。

所以,练胆量的核心点:第一,直视自己内心的软弱,正视自己的价值,勇敢突破自己的舒适区;第二,不要大海捞针似地碰运气、瞎跑,与其一直跑,一直不成交,不如紧盯一两个客户。一次成交带来的自信,远超一万次心理建设。

4.2 如何快速学习并快速进入工作状态

我初做销售的时候,公司对我几乎没有业绩考核,前三个月直接安排我下车间学习。当时我还抱怨连天,每天在车间里做活,弄得灰头土脸,过得很是煎熬。后来当我和客户聊天时,能够自由地谈论某道生产工序是用哪台设备,在怎样的工艺条件下进行的,并

人人都要懂的销售思维

且得到客户赞赏的时候,我才恍然大悟,车间实习的几个月是绝佳的学习机会。

我想说的是,想要快速学习,快速进入工作状态,一定要亲临现场学习,把产品研究透。当今时代,很多销售场景趋于线上化,已经不能照搬十几年前的经验,但这一点依然不变。不过很多销售人员或许正面临一个实际困难,那就是互联网时代的商业进化速度太快,新兴的互联网企业和中小型创业企业遍地开花,是大多数年轻人们绕不开的雇主,而这样的企业大多追求速度,要求快速产生业绩,因此留给销售人员的学习和尝试的时间是极其有限的,这就要求销售人员必须快速找到方法并跟上节奏。

要想跟上快节奏,必须让自己快速进入工作状态。如果你看过拳击比赛,你会发现拳击运动员上台前会穿着特殊定制的披风战袍,各种蹦跳、怒吼甚至挑衅对手,为什么?其实就是为了让自己快速进入战斗状态,通过在战斗前给对手施压,同时为自己壮胆造势和营造必胜的心理暗示,去争取胜利的筹码。在双方实力悬殊较大的情况下,实力较弱的一方更加需要做足这种战前造势;否则,比赛还没开始,在气势上就已惨败,很可能一个回合没过就被对手打败了。

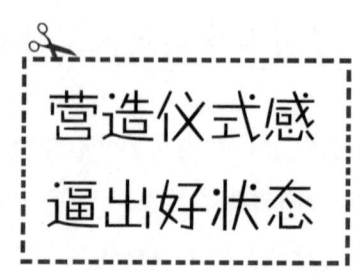

> **营造仪式感**
> **逼出好状态**

这其实就是营造一种仪式感,仪式感激发心理暗示,而心理暗示的力量是极其强大的。在做一件有挑战性的事之前,不管怎样,我们应先把架势摆出来,结果也许就会好很多。对于销售新人而言,首先要摆正心态,克服心理障碍,然后给自己营造某种仪式感。你越是害怕,就越是不敢做,越是做不好,挫折感就越强。

比如,我当时专门准备了一套用于拜访客户时穿的衬衫和皮鞋,平时不穿,而当我穿上它们的时候,立马就进入了严肃、专注和兴奋的状态。这是一种强烈的心理暗示,仿佛穿上这身行头,我就不再是本来的自己,可以暂时放下所有的顾虑和消极情绪,以100%的积极态度和勇气去面对所有未知的挑战。

销售之路很长,需要长期的投入和积累。销售入门时一定要快速调整状态,建立自信,摆脱自我怀疑,这样才能有继续坚持的动力。深入一线学习、做好每日业务跟踪笔记、多和同事一起做案例复盘、给自己制造一些仪式感,这些都是帮助销售新人快速进入工作状态的有效途径。当进入状态后,你会发现,恐惧感和挫折感也都消失了。

4.3 找个好师傅,少走弯路

早年的商业模式相对简单,因此销售模式也相对单一,传统的面销(即面对面销售)场景比较多。为了储备销售人才梯队,即便是很小的公司也都不约而同地严格遵循着"传、帮、带"的新人培养模式。为什么?因为这种模式确实能快速有效地培养新人。为了鼓励老销售用心带徒弟，有些公司甚至明确规定师傅可以从徒弟的业绩中分享一定比例的提成或奖金，如此这般让"传、帮、带"模式得以延续下去。

到了近几年，"传、帮、带"模式有了一些变化，这里面有很多错综复杂的原因，比如：

（1）销售业务的复杂性和难度增加；

（2）产品和服务的迭代周期大幅缩短，各行各业竞争加剧，节奏加快，留给新人学习的时间大幅减少；

（3）销售群体竞争现象凸显，互相之间也在争夺有限的资源；

（4）企业的激励机制不完善，导致老师傅不愿意带新人。

基于上述种种因素，你会发现一个令人惋惜的现象：很多初入职场的销售新人经过简单培训后就尽快开始销售产品（ToC类销售尤其如此）。慢慢地，传统的"传、帮、带"人才培养模式变成了批量化、程序化的人才筛选机制，很少再有师傅去手把手地教新人。

> 师傅领进门
> 修行在个人

我始终认为，不管哪个行业，找个好师傅是非常重要的，尤其是销售这一行。一个能把我们领进门、手把手给我们传授经验的好师傅可以让我们少走很多弯路，这个好师傅将对我们今后的整个职业生涯产生深远和决定性的影响。如果你发现公司安排带你的师傅还不错，那么你很幸运，请一定要把握好这个机会，诚心地求教，充分地吸取。

那到底怎样的师傅是好师傅呢？

真正的好师傅，总是会愿意对你言传身教、提醒和点拨，真心地助你成长。具体来说，他会经常带着你一起拜访客户，感受一线的挑战，带你复盘重要的客户拜访，分析、分享成交或丢单经验等，而不只是让你在办公室里帮他打杂。只要大致满足以上的描述，我认为这就算是一个值得跟随的好师傅。

我要特别提醒的是，很多销售人员往往性格直爽、直接、强势，导致作为销售新人的你可能一时半会儿不能适应师傅的"暴脾气"，感觉难以相处，从而萌生对师傅的恐惧和厌恶心理。请记住，严师出高徒。只要他符合我说的"好师傅"标准，我建议你调整心态，适应他的脾性和节奏，从他身上学到真本事，才是最重要以及最明智的。

在我的第一份销售工作中，当时带我的有两位师傅：一位是上海销售办的老领导，一个60多岁的资深销售；另一位是没比我大几岁的师姐，但已经是业务经验非常丰富的老业务员，手上负责很多客户的业务。

先说这位60多岁的资深销售。他要求我每天到公司后先把他的办公室打扫干净，杯子洗好，开水烧好，等他来了给他泡上茶，再开始一天的工作。当时我认为他有点欺负人，且倚老卖老。但出于对年长者的尊敬，我还是坚持照做，时间长了也就习惯了。工作中，他也很愿意将自己的经验倾囊相授,当然过程中也少不了对我严厉批评,痛苦与愤懑时而有之,但如今回想起来却只剩感激。如果没有他的批评,我不可能成长得那么快。

那位大我几岁的师姐脾气性格好很多,非常开朗与热心,真心实意地带我,经常带着我一起去拜访客户,手把手地教我。我想现在可能已经很少有这样的师徒关系了,每每回想起来,满满的都是感激。

他们帮助我塑造了职场初期的个性和作为一名销售的雏形,让我能学着他们的样子开始自己精彩的销售人生。

> 找个好师傅
> 少走很多弯路

当然,师傅可以有很多,不一定非得是直接带你的才是你师傅,可能还有其他有经验的销售,也有可能是你的领导,他们都是广义上的你的师傅。作为销售新人,如果公司没有安排明确的师傅来带你,你可以运用自己的火眼金睛,为自己挑选一个靠谱的好师傅,多帮他做点事,死心塌地地跟着他学习。如果在公司内实在找不到值得"托付"之人,你还可以在公司以外挑选,最好是行业内的,能帮你更好地入行。

一个好师傅,可以帮助你少走很多弯路,加速成长。

4.4 如何找到目标客户并成功邀约

1. 如何寻找目标客户

在我刚做销售的时候，找客户主要靠地图和自己的双腿：先在地图上看好一个大致的目标区域和交通路线，再摸索过去一家一家地敲门推销。

在上海的几年销售工作经历中，锻炼了我的扫楼陌拜能力。我和另一位同事经常相约一起出发，乘地铁到陆家嘴，一幢幢写字楼扫过去；再乘一站地铁到东昌路继续扫，每天如此。扫楼这种业务开发模式效率自然是非常低的，加上当时还是新手，实际上我们扫了半年的楼，成单率寥寥无几，但那段日子有价值吗？价值很大！

作为销售新人，陌拜是极好的市场调研以及直面潜在客户的机会，在这个过程中，销售人员可以得到实时、真实的反馈，这些反馈会启发销售人员不断思考：如何优化下一次扫楼路线？如何从写字楼一楼的入驻企业名录牌迅速识别出可能的潜在客户？如何优化进入一家陌生公司时的开场白？进入一家公司后如何一眼快速识别出关键人是谁？等等。每一次陌拜都是宝贵的经验积累。

现在我们获取潜在客户信息和销售线索的渠道变得越来越多，比如很多传统行业都开始拥抱线上获客的技术，我了解到不少工厂都开始布局淘宝、天猫、1688、京东等电商平台，直接进行线上销售；另外像微信公众号、微信视频号、抖音、小红书等各种新媒体渠道也都成了众多企业获取海量销售线索的更有效途径。

获客方式正由传统线下渠道转向线上渠道

这里以抖音为例,2022年抖音用户总数已经突破8亿,这是什么概念呢？根据中国互联网络信息中心发布的第50次《中国互联网络发展状况统计报告》,截至2022年6月,我国网民规模为10.51亿。也就是说,全中国80%的互联网用户都在看抖音视频,这意味着很多行业,都可以通过在抖音上做内容,来吸引到目标客户的关注和咨询,也就是市场信息(对于销售员来说,也可称为销售线索)。

因此,对于传统销售人员来说,类似于打电话、陌拜、跑展会等"获取销售线索"的能力,反而变得不那么重要了,因为这些都可以被技术更高效地替代,而将销售线索转化为销售订单的能力,也就是方案对接和商务跟进的能力,似乎将变得更加重要。说白了,销售的定义更纯粹了,分工更精细化了。未来企业在招聘销售人员的时候,也可以更简单、更专注,而不是将市场人员和销售人员混为一谈了。获取销售线索的人才,就编制到市场部、品牌部,而销售人才就解决人的问题,销售回归到了本质。

所以我认为这值得大家深思:切不可心安理得地享受技术带来的便利性,因为一旦技术可以替代你的某项能力,就意味着你必须要放弃这项能力,以及利用这项能力所建立的一切竞争优势。问题在于,你是否准备好了在其他领域变得更强,建立新的优势?对于一名销售人员来说,如果你想保持锐气,追求对销售业务的更强掌控力,那么就依然需要从头开始思考,即客户是谁?客户在哪里?如何获取销售线索?这些思考是销售思维的重要组成部分,千万不要让技术来代替。

保持锐气 别让技术替代你

下面我简单分享几个我认为最有效的寻找目标客户的方式。

(1)行业展会和行业论坛。对于很多 ToB 业务来说,行业展会和行业论坛依然是值得推荐的寻找目标客户的有效途径之一。基本上每个行业都有一两个大家都必去的展会和论坛。在这里,销售人员有机会找到大多数想接触和认识的企业及其相关负责人,在一些规格较高的行业论坛上,有更大的机会接触到目标客户企业的高层人士。在这种场合,大家会交换名片。但是拿到的名片的质量如何,取决于销售人员的举止、谈吐和人际交往能力。

(2)熟人介绍。熟人介绍永远是最佳方式。一个你怎么也无法联系到的人,或者怎么联系也不理你的人,如果通过你的朋友,或者朋友的朋友引荐一下,可能很快就搭上线了,而且因为是熟人介绍,相对更容易沟通一些,也多了一层信用背书,成交率更高。所以,平时在行业社交圈里一定要注意经营自己的人际关系,后面我会详细介绍这部分内容。

（3）职场社交媒体。有些不错的职场社交媒体，比如领英（LinkedIn）、脉脉等，都可以帮助我们更有效地寻找客户。以领英为例，作为全球最大的职场社交媒体，很多公司都会在领英上设立主页，他们的主要员工也都会在领英上注册登记档案用以增强个人影响力以及方便商业机会联络。

需要提醒的是，当我们尝试在职场社交媒体上寻找客户的时候，为了提高加好友的通过率，我们的社交媒体页面和档案需要用心撰写，否则，很难引起别人的兴趣，自然也就无法建立联系。关于这部分内容本书不做详细介绍。

（4）个人自媒体/个人IP。个人自媒体对于销售人员来说正变得越来越重要，我的很多客户就是通过我的自媒体频道找到我的。关于个人IP，我会在后面详细介绍。

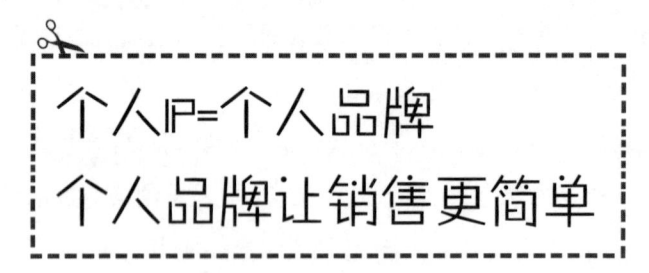

> 个人IP=个人品牌
> 个人品牌让销售更简单

2. 如何邀约目标客户

通过前面提到的方法，我们可以寻找到目标客户。那么，接下来如何进一步邀约呢？

电话邀约拜访，是实现销售的第一步，也是销售人员的一项基本功。如果一个销售连电话都打不好，那么离成为一名优秀的销售还有很大差距。所以我在带徒弟或者考查销售人员技能的时候，一般会听他打几个邀约电话，这样就基本可以判断他当前的水平，以及如何帮助他改进。

那么，邀约电话到底该怎么打呢？如何提高邀约成功率？

(1) 告知你从哪里来。关于电话礼仪大家需要注意，就是电话接通的时候，一定要简短地说明是怎么拿到对方的电话号码的。如果是在展会或论坛上得到的名片，我们可以这样说："王总，上周在××展会上跟您交换了名片，我是××公司的小张。"如果是经朋友介绍的，一定要提到这个朋友的姓名。我们可以这样说："王总，我是××公司赵总的朋友，他觉得我们可能有机会合作，所以把您的电话给了我。"

我经常接到一些电话，不管我怎么问，对方支支吾吾地就是不肯告诉我是谁给他的号码。其实各行各业，朋友之间互相介绍点业务机会是非常普遍的，还不如坦诚一点，大大方方地告知，反而可以第一时间打消对方的顾虑，自古真诚得人心嘛。

(2) 适当过渡话题，不要直接推销。接下来一步很关键，一定要简明扼要地交代清楚打电话的原因。<u>千万不要直接进入主题开始推销</u>。比如，我们公司是做自动化设备的，您近期有需要吗？这样会非常的突兀，一听就是推销的，让人产生厌烦心理。

我们需要适当过渡一下，比如这样说："王总，上周咱们展会上换过名片，当时匆匆忙忙地聊了两句，您对我们的产品似乎比较感兴趣，所以今天特地打电话来询问，看最近有没有合适的机会,我们也可以提个方案?"或者说:"王总,××公司的赵经理把您的电话号码给了我。我们公司跟赵经理公司那边有一些合作,今天上午我去赵经理公司拜访,聊天过程中,赵经理跟我提起您,他说您跟我们可能也有合作机会,所以就把您的电话号码给我了,推荐我跟您聊聊看。"

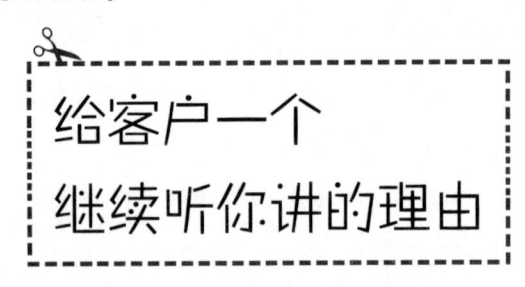

给客户一个继续听你讲的理由

这样,我们就完成了话题的过渡,有理有据有台阶,对方这时一般不好意思直接挂掉电话。这一步千万不能省略,尤其是经朋友介绍的客户,如果省略了这一步,客户也许会在心里骂你的朋友,这样你就变相地坑了你的朋友,白白消耗了你的社交资源。反复几次之后,以后就再也没有人愿意帮你引荐资源了。

(3)把你的优势提炼成一句话。很多销售人员会在这里犯错。好不容易让对方继续听电话,赶紧迫不及待地介绍起自己的产品。别着急,产品只需要简单一句带过,赶紧邀约更关键,否则对方的善意和耐心很快会被消耗殆尽。有经验的销售都知道,<u>大部分业务最终都是要通过见面才能谈成的,所以首先确保见面,而不要试图在电话里进行销售</u>。

怎样简单一句带过产品呢?这也是有讲究的。一定要说清楚自己是做什么的,并且自己产品的优势是什么,最好一句话说完,越

短越好。我这里举几个例子让大家感受一下,假设你是空气压缩机的销售人员,那么你可以这样说:

- 我们是做空气压缩机的,是国内销量排名前三的品牌;
- 我们是做空气压缩机的,在您这个行业里有50%以上的市场份额。

上面这两种说法都比较有说服力!销售人员千万不要讲一堆技术参数,比如"我们空压机用的是西门子的电机,润滑系统都是采用的不锈钢管道,冷却系统用的是铜翅片,同时采用了双油过滤器,性能更可靠,而且特别省电……"这段话对于销售自己可能很清楚,但对于客户未必很清楚。

如果公司影响力不够大的话,销售人员可以这样说:

- 我们是做空气压缩机的,上个月刚刚中标广东那个××项目(当然,最好是个行业内人人皆知的标杆项目);

如果实在没什么可说的业绩,销售人员也可以说:

- 我们是做空气压缩机的,上周××公司的李总来我们公司考察,给了很高的评价(这个李总一定是对方认识的人,并且最好是行业内的专家或高手)。

**抓人眼球
一句话就够了**

其实，提炼优势并不难。只要稍微花点心思，总能找出自己产品的某些特色优势，并将它们提炼成一句话。用这句话抓住对方的注意力，这在争分夺秒的电话交流中非常关键。

在跟领导汇报工作的时候也是一样的，领导没时间听你铺垫那么多，讲很多废话，尤其在还不了解你脾性的领导面前（比如电梯偶遇领导），越是要精炼语言，直接讲结果、讲方案，先抓住对方的注意力。如果对方表示出关心或兴趣，他自然会继续追问细节；而如果听你讲了半天都没有重点，对方则很容易失去耐心。

（4）直奔主题，邀约拜访。最后，不要忘了在电话中邀约拜访。我们可以这样说："王总，有机会一定当面向您学习探讨。下周二或周三，请问您哪天比较方便？"

> 勇敢地邀约见面
> 提高销售成交率

很多销售人员不敢约客户，怕被拒绝，或者是还不了解见面的必要性，总想舒舒服服地坐在办公室里就把单给签了。以我十几年的经验来看，能见面的话一定要见面，可大大提高成交率。电话邀约中一定要给出明确的邀约请求，以及明确的拜访时间。千万不要问模糊的开放式问题，比如："王总，您最近有空吗？您哪天有空？"直接让对方做选择题，可以显著提高邀约成功率，同时给人留下做事清爽麻利，不拖泥带水的好印象。

说到这儿，我想到平时经常会有人加我微信，想跟我咨询问题。有的人咨询的问题有的很复杂有的人聊了半天，也没聊到重点上；还有的人寒暄许久，就是不敢开口约我见面聊，就很可惜。

4.5　别急着谈业务，先让客户对你感兴趣

你有没有这样的体验？你逛一家服饰店，正要走的时候售货员要求和你加个微信，你一时心软就加了，结果就隔三岔五地收到对方的"信息"：

- 我们上新款了，您有空来试穿吗？
- 这周末我们店里有优惠活动，有空来逛逛吗？
- 天凉了，注意保暖哟！

……

> 没有人
> 喜欢被推销

很多销售人员遇到潜在客户就急切地想要销售自己的产品，全然不顾对方的感受，最后的结果大概率会被对方拉黑。尤其是销售新手，易犯这个错误，因为他们"被拒绝"的频率很高，难得遇到一个对他们释放善意的潜在客户，他们就会像抓住救命稻草一般地紧追对方不放。从客户的角度来看，他对销售人员的善意反而为自己

招来了麻烦,那么他以后就会对销售人员保持谨慎态度了。我们了解了这个行为逻辑之后,对于"被拒绝"可以更加释怀了,这就是常态,而且在一定程度上是销售人员自己给自己造成的困扰。

如何破解这种困境?那就是别急着谈业务,先让客户对你感兴趣,以后总有合作成交的机会。就像谈恋爱一样,假设你对一个女生有好感,不要直接追问她:"你觉得我怎么样?要不要做我的女朋友?"你得慢慢接近她,让她对你产生好感,最后才能走到一起。

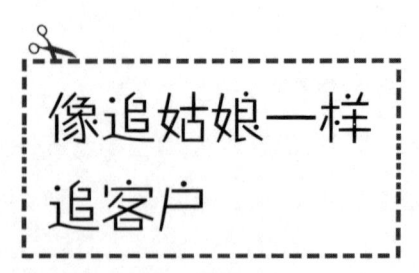

像追姑娘一样追客户

那么怎样才能让客户对自己感兴趣呢?参考追女朋友的策略,我想你现在或多或少已经有了一些思路。

1. 创造良好的第一印象

第一印象太重要了,如果搞砸了,后面需要花费十倍、百倍的努力才有可能弥补,甚至永远都无法弥补。在销售场景中,搞砸第一印象,意味着这笔潜在业务大概率会失去。

如何给人留下良好的第一印象?我想可以列出一长串注意事项清单,不过具体场景还应具体侧重。例如着装礼仪、社交礼仪,是做销售的基本修养,更是作为一个社会人,进行人际交往的基本修养,比如什么场合该穿什么衣服？什么颜色的西装该搭配什么颜色的领带？跟不同性别、不同职位的人握手、吃饭、喝茶,都有什么讲究？诸如此类,都是非常重要的。一不留神,就给人留下不好的第一印象。

除此之外,销售人员之于客户,第一印象的建立还有赖于其他一些关键因素,比如拜访客户前的准备工作是否准备充分,是对客户最基本的尊重。就像你去参加一场项目协调会议,提前了解会议主题并准备好必要的项目汇报材料,也是对所有项目组成员最基本的尊重。

我刚做销售的前几年,有一回初次拜访一位客户,因为没有提前做好功课,对于他们的细分行业情况了解甚少,所以在谈话中多次问询对方一些非常基础的行业应用问题,最后客户草草结束了对话。现在想来,作为一名专业工业产品的销售人员,在不了解客户应用场景的需求和痛点的情况下就去拜访,客户怎么可能有耐心并且相信我能帮助他解决问题呢？于是我搞砸了自己留给客户的第一印象,这个第一印象就是"不专业、不重视、过于儿戏、浪费时间",那个业务自然也就无从谈起。

> 第一印象搞砸了
> 业务就砸了

销售人员理应在产品知识和产品应用场景的理解方面多加钻研,要能给大多数的客户提供专业的指导或建议,这是销售人员最该留给客户的第一印象,也是最核心的第一印象,它向客户传递了一个重要信息:这个人可以帮助我,他能为我提供价值。

2. 洞察客户需求

当然,只懂产品也是远远不够的,要不然为什么很多从产品转型做销售的人很难成功呢?

华为有个著名的"铁三角组织模式":以客户经理(Account Responsibility,AR)、解决方案经理(Solution Responsibility,SR)、交付经理(Fulfillmint Responsibility,FR)为核心组建项目管理团队,形成面向客户的以项目为中心的一线作战单元,从"点对点被动响应客户"到"面对面主动对接客户",深入、准确、全面地理解客户需求。

在我的销售生涯中,我和很多同事搭档拜访过客户,尤其针对技术性比较强的产品和方案时,技术工程师随行拜访是很常见的。我充当的角色就是华为"铁三角组织模式"中的"客户经理",主要负责商务沟通;随行的技术工程师充当的角色就是"解决方案经理",主要负责技术沟通。但是,同在一个销售场景中,商务沟通和技术沟通是相互穿插进行的,对话界限不可能做明确的切割。有的技术工程师经常会不自觉地陷入技术思维,在某些话题点上和客户进行较劲儿,最后导致对话无法进行下去。

所以,多人同行拜访客户的时候,如何打好配合是非常重要的。一个优秀的"铁三角团队"非常难得,需要团队成员各自的专业素养打底,加上彼此之间的默契。不管是铁三角还是铁五角,目标都是"深入、准确、全面地理解客户需求",是团队成员从各自的专业维度出发,一起洞察客户需求,最终才能确定到底应该采取怎样的产品销售方案,即如何为客户创造价值。

把客户需求吃透了 一开口客户就认准你

很多人认为,销售人员必须要专业,也就是成为"技术型销售"(销售人员必须懂产品)。我觉得这样认为有些狭隘了。光懂产品不能算专业,还要懂客户需求,能够因地制宜地为客户提供个性化的解决方案,这才是销售人员该有的专业。下面我举个例子,大家可以感受一下。

有粉丝在我的自媒体后台给我留言:"我是小鹏汽车的产品专家(就是销售岗位),我发现销售好难啊。作为新能源汽车的销售人员,主要通过在人流量相对较大的商业综合体内进行现场展示销售。一开始我们的展台都设在核心商圈,人流量还可以;后来因为预算限制,只能到郊区的商圈布展,人流量就越来越少了。更糟糕的是,店长对我们进行各种高难度考核,不达标就会被辞退,已经陆续辞退了好几个了。现在我们十几个销售人员被分成了两组,分时段在现场站台,让我们相互竞争。现场人流量本来就少,现在两组团队都催着对方早点交班,好让自己能多分得一些现场咨询的流量,我们真的太难了。"

我真为他感到揪心,不是为他所面临的激烈竞争和困难境况而揪心,而是为他的思维困境而揪心。

我问他:"你们十几个人围着展车,除了等人主动来咨询外,还通过哪些其他渠道接触到精准目标客户呢?

"你对自己销售的汽车了解多少?除了参数和配置外,能讲出什么不一样的故事吗?

"一个原本打算买特斯拉的潜在客户来咨询,跟一个打算买蔚来或是理想的,以及大多数本来打算买传统燃油车的潜在客户,你分别应该采取怎样的说服策略,改变他们的决定呢?

"为了改变现状,你还做了什么其他同事没有做的事呢?"

> 想常人所不想
> 得常人所不得

大脑长期不使用是会生锈的。其实刚才这位销售同学有太多可以思考的问题。如果他思考了,找到答案,并且去做了,他就一定能脱颖而出,烦恼自然就慢慢化解了。我发现很多卖房、卖车的销售人员,都说着同一套销售话术,本质上是因为这些行业的销售培训均出于一种"快速批量化"的思维,这导致销售人员的认知和视野都被限制在公司预设好的路径和条框里,最终变成了思维固化的执行者。

如果你总是能洞察出客户的真实需求,你提的问题、说的话、做的方案,就更能走进客户的心坎里,自然就能让客户对你感兴趣。

以前在职场中,我也时常听到周围同事的各种抱怨。这些抱怨非常有群众基础,经常会三五成群,不管领导说什么做什么,不管公司宣布了什么新规划、新政策,他们都要抱怨。他们总是站在公司的对立面,却不去思考:

- 领导为什么要这么决定?
- 对我来说是不是机会?
- 如果我有更好的想法,我能不能向上谏言,帮助公司变得更好?
- 为什么我在公司永远都是一个小透明,得不到重用?

我们只有帮公司解决问题,领导才会来解决我们的问题,我们才会受到重视,获得更好的发展,抱怨是永远不能解决问题的。我职业生涯 16 年,其中有 10 年时间除了从事销售和市场工作外,也同时兼任总经理助理,在公司战略、内外部管理等各方面提供协助,就是因为我善于站在公司角度思考问题,时刻关注公司的发展需求。

3. 创造二次、三次、多次的见面机会

时代更迭至今,很多销售场景和销售决策都在线上发生,这意味着面销(面对面销售)的需求降低了,但这不代表面销的价值就不复存在了。某些特定的产品依然存在面销的必要性,尤其是 ToB

人人都要懂的销售思维

类型的业务,通过多次见面来建立信任是不可或缺的。如果客户对销售人员产生不了兴趣,那么就不可能获得见面的机会。很多时候,就像前面分享的失败案例一样,因为我在拜访客户前没有做足功课,以致给客户留下了非常差的第一印象,所以客户再也不愿意见我第二面了。

那么,这时候怎么办?还能补救吗?

如果你看过电影《当幸福来敲门》,就会对男主角 Chris 的一个举动印象深刻。Chris 在电话推销中幸运地获得了一个对方应允见面的机会,但因为对方要赶着去看一场棒球比赛,所以需要 Chris 在大约 15 分钟以内赶到他的办公室。这可是一个潜在的大客户,机会稍纵即逝,所以 Chris 立即起身前往。即便 Chris 在预定时间内赶到了,但很可惜,客户还是提前离开了。没见上面,怎么办?

Chris 特地找到客户的住所登门道歉。门打开,正是客户本人,Chris 说:"××先生,我是××公司的 Chris,上次我们约好了在您办公室见面,但是我失约了,今天我正好在附近拜访朋友,所以想借此机会来跟您表达歉意,我想您当时一定在等我。同时也想再次向您表达感谢,感谢您为我们的见面腾出了宝贵的时间。"后来,这位客户邀请 Chris 和自己一同前往球场观看了棒球比赛,Chris 也为自己赢得了宝贵的客户印象和成交机会。

我又想起朋友圈里的某位仁兄,已经不记得是什么时候加他为好友,甚至都不知道他到底是从事哪方面工作的,但是我经常在朋友圈看到他在分享自己的生活,很真实,不矫揉造作,又很有内涵,我就觉得这个人不简单,值得信任。后来我就忍不住主动问了他的职业,碰巧业务上有交集,自然而然地就成了合作伙伴。

我想告诉大家:<u>让客户记住我们这个人,而不是我们的产品,这显得更加重要。不要急着销售,先让客户对你感兴趣,销售往往就成功了一大半。</u>

4.6 别小瞧自己,更别让客户小瞧你

在第二章我们剖析了几种销售风格,其中有一种内向型的恭维型风格是很多销售人员的真实写照。为什么呢?销售是一个"求人"的职业,这是大众对于销售职业的刻板认知,每个人从事销售职业之初也切身感受到销售之困难,"求人"之痛苦。因为"求人",所以卑微,就很容易让步和放弃。当我们开始让步和放弃的时候,反而无法达成所愿。人生如此,销售也如此。360行,行行出状元。每个职业,都有其独特的属性,不分高低贵贱,只有职业种类的不同,而驾驭这个职业的是我们自己,所以,看待事物的角度和思考问题的方式起决定作用。

作为销售员 你也许经常苦恼:

- 为什么我的价格一降再降,客户还是不满意,一直让我降一点,再降一点?
- 为什么约客户见面,客户总是推脱没时间?
- 为什么客户的货款一拖再拖?收款咋这么难?

……

其实从某种意义上来说,以上所有问题的产生都跟你呈现给客

户的姿态和气质紧密相关，一味地让步只能凸显自己的软弱。如果客户已经认定你是一个唯唯诺诺、没有原则和底线的人，他就自然不会拿你当回事儿，甚至时不时地"欺负"你一下，对你予取予求。反之，如果你凡事坚持原则，不卑不亢，反而显得你更具权威性和说服力，并且对这个合作具有一定的把控力，他就会适当"配合"你的建议和节奏，因为你的"强硬"使得你更值得尊敬。

这里不是让大家强行表现得强硬，实际上你的强硬不能表现在情绪和外在行为之上，而应该总是建立在你所能提供的价值之上。我不止一次地提到销售的本质是为客户解决问题，以及为客户创造价值，所以，如果你面对客户时总感到卑微，本质上是因为你还没有能力为客户解决问题和创造价值，这时最迫切要做的是提升自己的能力，并且找到自己所销售产品的价值和客户深层需求的结合点，那时你就会自信满满地向客户介绍产品："嗨，我有一个超棒的解决方案！"哪怕客户不予理睬，你也不会太受伤，反而会积极地想尽一切办法说服客户，因为你知道如果最终没有达成合作，那么就是客户的损失，而你又怎会愿意让客户蒙受损失呢？

你怎忍心看着客户蒙受损失？你是来帮他的

当被客户拒绝的时候，很多人会把原因归咎于自己的产品不行、品牌缺乏竞争力、公司实力不够、团队不给力等外在因素，却从不正视自己的问题。就像前文那个销售新能源汽车的案例,那个销售员把自己的被动境况归咎于因公司营销投入不够而导致的客户咨询量匮乏,却没想过自己应如何帮助公司开辟新的获客渠道,以及如何通过洞察客户需求而提供真正能够打动客户的价值,从而促成成交。

这种思考方式就是销售思维的应用。销售思维是一种思维框架,它引导我们凡事都要追根溯源,通过专注和持续练习去解决问题,从而不断激发出我们的深层潜力。它是支持我们不断思考、钻研、创新,从而解决复杂问题的底层能力。每个人的潜力都是不可估量的,借用一句广告语"你的能量超乎你的想象",专注和持续练习可以让你变成一个连你自己都刮目相看的人。

所以,千万不要小瞧自己,更不要让客户小瞧你。如果你还不够自信和强大,也许是因为你还不够专注,同时缺乏足够多的练习而已。

第 5 章
销售小白到资深销售的进阶之路

5.1 让客户在想买的时候,第一个想到你

当我们心情低落,想要寻求安慰的时候,第一个会想到的人是谁呢?有可能是最疼爱我们的爸妈,也有可能是那位总是愿意听我们倾诉的好朋友。为什么?因为他们长期以来给予我们"理解与爱"的温暖感觉,几乎从没有让我们失望,我们对他们的信任和依赖已经演变成了一种惯性思维。

如果想让客户在买东西的时候第一个想到你,同样就要通过持续不断地给予客户"理解与爱",培养客户对你的信任和依赖。

这里的"理解"不只是让你理解客户的难处,最核心的还是要理解客户深层的真实需求,理解你最应该为客户做什么。比如客户想买一把冲击钻,也许他并不是真的需要一个性能卓越的冲击钻,而是需要有人能帮他在墙上钻一个孔,好让他能拧进一颗膨胀螺丝,最终挂上一面镜子。那么你也许可以向他销售钻孔服务,甚至

是包含了安装服务的一面镜子,而不是冲击钻本身,这才是真正地"理解"客户。

这里的"爱"也不是指对客户言听计从,而是真正关心客户的利益,一心为客户着想,给予客户最好的交付。了解了这一点,就可以回答很多朋友非常关心的诸如此类的问题:做销售一定要会喝酒吗?你可以反问自己:"喝酒能帮客户公司解决问题吗?能帮他们提高产品竞争力吗?如果不能,那为什么还要关心这些问题呢?"

你也许会说:"只要在客户面前多露脸就会让客户记住自己。"诚然,这么做确实可以加深客户印象,但可能是好印象,也可能是坏印象。你单纯为了露脸而露脸的行为只会给客户留下坏印象,让人讨厌而避之不及,所以才会出现客户的微信朋友圈对你不可见,甚至把你加入黑名单。所以,一定要建立在"理解与爱"的基础之上,进行长线经营。

> 你理解客户,他也理解你
> 你爱客户,他也爱你

我们常说做事情,眼光要放长远些,这不仅是一个策略,也是一个事实,因为销售本身就是一个长线任务。一个特别计较得失,追求即时回报的人,其实不太适合做销售。明白了这个道理之后,我们就能像经营人际关系一样,以平常心去耐心经营和客户的关系,用心地体察客户需求,一心为客户想。如此一来,你就会愿意不求回报地为客户做出一些力所能及的付出。慢慢地,客户就在心中种下了一颗依赖的种子,想买的时候就会第一个想到你。

在前面的章节里,我提到自己曾经做过一段时间"中文课程"的销售,那时对接的目标客户大多是国外零中文基础、但又对学习中文和中国文化非常感兴趣的人。虽然我销售的是中文培训课程,但实际上,我绝大多数时间都在细致、耐心地帮助他们解决来中国之后的住宿问题和文化旅行等其他问题,把自己变成他们最值得信任和依赖的中国朋友。要客户自己规划一段为期一两个月的出国旅行绝对不是一件容易的事儿,会遇到诸多障碍,所以有的客户断断续续地和我前后沟通了长达一年时间都还未能如愿前来,但不管什么时候,只要他们准备就绪,打算乘飞机飞往中国时,他们第一时间都会想到我,因为我是他们最信任和依赖的朋友,他们知道我会安排好接机以及住宿的一切准备工作,并且全程照顾好他们。当然,我也自然而然地完成了课程销售。

客户想来学中文,本质上是源于其对中国文化的欣赏和向往,所以我要做的就是将中国文化的魅力传播出去。我持续不断地为客户提供无私帮助的过程,就是在不断强化客户对我的印象,使其对我产生依赖。

关于强化客户印象,我想提醒大家以下两点。

1. 必须让目标客户清晰地知道你是做什么的

也许你会觉得不可思议:已经和一个客户联络了好几次,也见过面,难道他还会不知道我是做什么的吗?现实真的存在这种状况,而且还不少。这跟一个人性格和表达能力有一定的关系,因为很多销售人员正是出于推销的"害羞"而不愿明示自己到底能够提供什么产品或服务。他们会把初次见面当作是建立初步人际关系的机会,重视寒暄,而刻意减少产品推介,以此来淡化推销的意味。

这里,我建议大家可以找三五个自己接触过但是还没有成交的目标客户测试一下,看他们是不是明确知道你销售的产品和范围是什么,也许有不少客户说不上来。以我的实际经验来看,这样的情况还真不少。

2. 必须让客户清楚地知晓你的核心优势

几乎每个行业都充斥着竞争,你联系过、接触的客户,你的竞争对手也大概率地联系过、接触过。比如,客户也许知道你是销售某款工业清洗剂的,但同样都是清洗剂,具体的细节却不清楚:

- 你销售的,跟你竞争对手销售的,各自有什么特点?
- 适用的清洗对象和清洗场景又有什么区别?
- 什么场景下买你的产品更好?

这些细节其实才是产品的核心价值,也恰恰是解决客户深层需求的关键,如果客户对此缺乏感知,那么销售此款产品的你自然不会被想起。所以,想要让客户清楚地知晓产品的核心优势,这里就要提及销售人员做提案的能力了。<u>优秀的提案能力能够帮助销售人员更有效地传递诸如产品优势等关键信息,从而加深客户的印象。</u>

> 成功销售产品的前提
> 是成功销售自己

销售产品其实就是销售自己,客户最终不是选择了你的产品,而是信赖你这个人。如果你能做到让客户只要想买,就会想到你,而且只要一想到你,就觉得放心(除非有不可抗因素,否则你永远是他的第一选择),那么,成交就是水到渠成的事了。

5.2 学会提问

如果要问我,在各种销售技巧中,最重要的一个技巧是什么?我认为"提问技巧"最重要,因为销售就是靠挖掘信息,挖掘信息就是靠提问。提问技巧越好,提问质量越高,挖掘到信息的成功率就越高,挖掘到信息的质量就越高,成交概率也就越大。

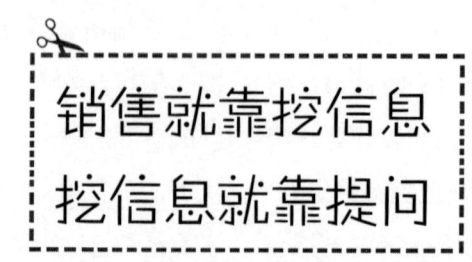

> 销售就靠挖信息
> 挖信息就靠提问

在我的自媒体后台,每天都有大量的私信提问,其中大部分的提问都是比较笼统的、模糊的,或者说,为了能够回答粉丝的提问,我必须得回问好几个问题,才能得知他到底是想要问什么。每每此时,我都想告诉对方,提问题是一项必备技能。

比如这个问题:"磊哥,上周我面试了一家公司的销售助理的职位,今天接到应聘公司电话让我过去上班,请问我该去吗?"

这个问题比较有意思,也很难回答。我认为这个问题如果换成这么问:"磊哥,上周我面试了一家公司的销售助理的职位,今天接到电话让我过去上班,但是我却很犹豫,也权衡不清楚到底该不该去,您能给我点建议吗?我 2012 年中文专业毕业,毕业至今 3 年,一直在一家制造业企业的市场部从事品牌推广工作。我对销售一直挺感兴趣,所以就去面试了这个销售助理的岗位,但是我又不确定自己是否真的适合做销售,担心如果自己从市场转型销售不成功,就浪费了时间,也浪费了在目前这家公司的升职机会……"

你体会到了吗?要想获得想要的答案,你就需要在提问中给出足够详细的信息,并且表现出足够的诚意以及提问的合理性,以激发对方给出更准确、更详细、更有建设性的答案。

我特别喜欢看人物访谈节目,2022 年我甚至策划了几个人物访谈,有经营画室的艺术家、建筑与室内设计创业者、企业高管、公益组织负责人等。如果你碰巧也喜欢看访谈节目,你也许有自己的判断和印象,比如有的主持人的访谈功底强一点,有的则弱一点。那你有没有想过,访谈功底的强与弱,具体体现在哪些维度呢?

首先,毫无疑问,知识储备是非常重要的。你会发现很多访谈节目是聚焦于某个细分垂直领域的,比如聚焦于财经话题的访谈节目,其主持人往往是财经领域的专家,为什么?如果主持人没有足够的知识储备,对话是无法顺利进行的。作为一名销售,首先得储备足够丰富的产品和行业知识,才能和客户聊到点上,否则永远只能给人强行推销的感觉。

其次,视野高度也是访谈主持人的一项重要能力。如果空有一肚子的知识储备,却仅付诸浅层次讨论、炫耀甚至低级趣味,这个访谈节目的质量一定不会太高。主持人站得够高,才能引导嘉宾一起将话题往深处挖掘,观众也因此受到更多启发。

再次,引导能力也是访谈主持人的一项重要能力。一个优秀的访谈主持人不能只顾着秀自己的学识,它更重要的任务是要引导嘉宾多说话,说更有深度的话,最终把对话质量提上去,提高节目的口碑和收视率,最终完成销售(节目的影响力和广告收入)。

那么,主持人主要通过怎样的技巧和手段来引导嘉宾呢?答案就是"提问"。嘉宾当然也可以通过提问来激发主持人的状态,这就是为什么同一个主持人做了100期访谈节目,其中会有几期特别让人印象深刻的原因。去除其自身状态的影响,最大的原因可能来自嘉宾。厉害的嘉宾特别会提问,引导主持人展现出更好的状态。

很多销售新人向我咨询各种五花八门的销售难题:

- 为什么客户不理我了?
- 为什么客户不愿意告诉我真实的采购时间?
- 为什么客户明明很认可我的产品,却就是不跟我买?

诸如此类的问题,很多都可以归结为沟通问题,沟通不畅最终导致信任出现问题。

提高客户沟通质量,就像是要提高一个访谈节目的对话质量,提问能力是至关重要的。不同的是,一个访谈节目只发生在那固定的两个小时以内,主持人只要把握住那两个小时就可以了;而销售过程是漫长的、分散的,每一次与客户的沟通都需要销售人员严格把控质量,难度可想而知。只要有一次沟通质量不佳,可能就会丢失成交机会。

所以,要做好销售,先学会提问吧,就像鸟儿要飞翔就一定要羽翼丰满一样,提问能力就是销售人员的羽翼。

那么,销售人员怎么提高提问能力呢?简单来说有以下三点。

回归销售本质

提问3原则
✔ 洞察需求
✔ 激发共情
✔ 化繁为简

1. 洞察客户的需求根源

跟客户沟通,首先要搞清楚客户需求的根源是什么。需求挖得越深,沟通质量就越高。很多销售自认为很健谈,每次跟客户聊家长里短都聊得很开心。有没有用呢?有用。但若经常这样聊,则用处不大。在业务场景中,聊家长里短更多是为了解决关系破冰的问题,却没有解决挖掘信息和成交的问题,而后者才是客户沟通的首要目的。

人人都要懂的销售思维

　　你也许会问："前辈们不是总说，要销售，就一定要和客户做朋友吗？"这句话没错，只是你可能理解错了。首先，和客户交朋友当然是必要的，但交朋友并不是最终目的，成交并交付价值才是目的；其次，聊家长里短确实能帮助我们在生活场景中交到朋友，但销售场景不同于生活场景，交朋友必须回归销售的本质，就是你必须要帮助客户解决问题，为客户提供价值，只有满足这个前提，才能和客户成为真正的朋友。

　　所以，如果你不能洞察客户的真正需求，就无法得知如何才能真正帮到客户，也就不知道应该如何提问。可想而知，你们的对话的价值就会很低。让我们来看看这个例子。

　　我去拜访过一家国企下属某事业部的总经理，他有寻求外部营销咨询的需求。我们家长里短聊得蛮投机的，对方也很认同我的营销理念和咨询服务模式，那么接下来就得往咨询合作的具体方面去引导对话了。但是，如果我直接开始聊合作细节，又总觉得缺了点什么。缺了什么呢？我不知道他为什么要寻求外部顾问的协助，我又怎么确定应该怎么帮助他呢？

　　所以我问他："为什么这件事你们自己解决不了？具体的障碍在哪里？"然后我被告知，这是一个新成立的事业部，营销人才欠缺，而且短期内没有预算去组建专业团队，加上他自己也是生产制造出身，对营销不擅长，但是今年又有实实在在的业绩压力摆在面前，所以……

　　沟通到这里，我基本上摸清了他的需求根源，也知道应该从哪些方面入手去帮助他了。但是，既然没有预算组建团队，会有预算请我帮忙吗？另外国企单位请外部顾问,这件事儿本身会有内部审批的障碍吗？"

于是,我继续问他:"在国企里做管理改革还是蛮有阻力的,您觉得这件事儿能干成的概率有多大？"

首先,我这个问题提得还是比较直接的,目的就是为了摸底,看看他对做成这件事儿到底有多大的信心,这取决于他对自己企业文化和大领导支持力度的判断。如果他自己都没信心,我这个业务八成没谱,那我就没必要花费太多精力,所以这对我来说就是一个关键信息。

其次,问这个问题本身,也能体现出我是懂他的难处的,我不是在跟他销售,而是设身处地地在帮他一起思考如何将这件事情做成,这本身就是一个很重要的策略。

当然,面对国企的高层领导,我能如此直接地问出这种问题,肯定是基于之前的聊天中我对他的判断。他的姿态并没有那么高,还是比较务实和谦虚的;相反,如果他是个要面子、摆架子的总经理,那么我这样提问就容易引起他的反感,让他觉得我在质疑他的地位、权限和能力,业务就不用往下谈了。

他顿了一下,显然是若有所思,然后重新坐定身子,给了我一个肯定的回答:"我们领导还是很支持的,现在我是这个事业部的一把手,只要我这边确实有好思路,还是可以推动的。"我得到这个肯定的答案后,接下来自然就可以往下谈论合作细节了。

你看,如果客户问什么你就答什么,这场对话经常会无疾而终。客户告诉你的需求只是表层需求,你要通过恰到好处的提问,挖掘出需求的根源，然后才能成交，从而真正帮到他。

再举个例子，假设总经理让你紧急召集一个生产会议，把所有生产管理人员全部叫过来开会，原因是因为早上车间出现了一些小状况，可能会影响一批货的交期，而一整天快要过去了，一直没有人过来汇报问题进度，总经理着急了，这是他召集紧急会议这个需求的根源。

如果你能第一时间迅速了解现场的问题解决进度，以及最新的交期保障情况，妥善协调并落实了改进措施，再将所有情况完整汇报给总经理，问题就解决了。生产管理者们也会感激你，因为他们在现场解决问题赶交期争分夺秒，已经够焦头烂额了，再全员过来参加会议，真正的问题反而得不到及时地解决。你可以在货物交付后再请他们提交完整的事件复盘报告，一起向总经理做汇报，商讨确定后续针对类似意外状况的预防措施和改进机制。如果你直接组织开会，没有思考，那损失可能更大。

生活中类似的例子也层出不穷，比如下次你妻子/丈夫莫名其妙发脾气的时候，想想或许是因为你最近出差太频繁，对她/他关心太少的缘故吧，你就知道该怎么正确安抚她/他的情绪了。

2. 激发共情情绪

通过提问表达出共情之意也是非常重要的。还以上面国企总经理的案例来讲，我的那个提问问到了那位总经理的心坎里，让他产生了强烈的共情情绪。

于是我"乘胜追击"继续问道："在国企搞管理改革这种事，牵一发动全身,您想做这件事是需要勇气的,很不容易。我建议如果真要做,可以循序渐进地做,刚开始动作不用太大,从小处慢慢改善。您看有哪些具体的切入点?"

这个提问我采用了共情策略,我能感觉到我们的谈话进入了一个更深的层次。

他告诉我:"我一直很想引入外部咨询公司帮助我的事业部管理提升一个层次,我们的理念非常契合,我想我们一定能合作得很好。改天请您再来一趟,跟我们集团大领导一起再当面沟通一下。"

生活中需要共情的场景也数不胜数。我从小在父母亲的责怪声中长大,几乎从没听到过他们的表扬。在我受委屈感到难受的时候,我特别希望他们能共情我的感受,给我一点鼓励,而不是嫌我烦。现在我自己有了孩子,却也因为原生家庭的影响,有时候也会不自觉地责怪孩子,而不是首先肯定他的情绪,与他共情,这经常让我自责。这是我必须持续学习和改进的,也希望你和我一样,因为学会共情真的太重要了。你的共情,对方能感受得到,也只有当对方感受到你的共情,才会对你敞开心扉。

3. 化繁为简,处变不惊

业务销售是很复杂的,尤其是 ToB 类型的销售工作。这里以销售工业润滑油为例,对于销售工业润滑油,销售人员不是简单地跟客户联系、给客户报价就好了,单单要找到正确的客户就把很多销售人员难住了,还涉及一次次的邀约拜访、做提案、样品试用验证、

人人都要懂的销售思维

投标、合同谈判、现场调试、收款等一系列复杂的节点，每一个节点都会牵扯销售人员巨大的精力，也对他们的应对能力提出了高要求。

销售要学的东西很多，往往是边干边学，不可能等全部都学完了再去销售，更重要的是立即行动，在行动中不断学习、总结、改进。销售作为一门实践学科，也更适宜结合实践去学习。

鉴于此，我认为你不必对销售工作感到厌烦或恐惧。很多销售人员收到客户投诉后，要么急得团团转，要么急着推卸责任，或者不敢再接客户的电话，有的甚至跟客户吵起来，结果越吵越乱，最后丢了客户。

请大家谨记销售的本质：帮客户解决问题，为客户提供价值。在面对任何复杂的销售难题时，只要我们紧紧围绕这个原则，就总能找到解决客户问题的办法，并获得客户的认可。

你可以这样问你的客户：我现在怎么做，才能让你好受点？才能补救你的损失？

你可以这样问你的同事：你希望我怎么配合你，才能把这个项目干得更漂亮？

你可以这样问你的伴侣：下次你烦躁不安的时候，我怎么做会让你感觉更温暖？

这就是化繁为简，处变不惊的能力。苦恼或焦虑只会让情况越来越复杂。

也许你当前还缺失某些能力和认知，不用担心，这些都可以通过实践逐步积累获得，你当下要做的就是尽你所能，专心解决客户的问题,最终你一定会成为一名优秀的销售人员和客户依赖的伙伴。

5.3 多渠道借力,突破个人能力的天花板

我职场生涯的第一个老领导在给我们上职场和销售入门第一课的时候,多次提及一个词:借力。在日常工作交流中,他更是时不时地提醒我们,做任何事一定要学会借力。刚毕业的我,对"借力"一词仅停留在读懂了字面意义的层面,而缺乏真切感知,所以并没有将其作为重要的行动指导。

我本身是一个比较自卑的人,越自卑就越是想要证明自己!所以,在我刚做销售的时候比较喜欢单打独斗,我就是不想求助于任何人,只想通过一己之力拿下业务,以此证明自己的能力。确实拿到过不少单,但丢过的单也很多。现在回想起来:即便是已经拿到的单,实际上也投入了很多本可以避免的成本。如果当时就懂得借力,我应该可以抽出更多的精力去拿到更多的业务,那么也许我早就实现财务自由了。

能借力
何必使蛮力?

这种勇气和自信当然是做好销售的前提,但是年轻的时候尚可任性为之,也不失为一种锻炼,上年纪后还是乖乖地学会借力吧。事实上做任何事都是如此,借力打力,顺势而为,才是王道。

做销售,可以借力的途径有很多,比如你的领导、同事、朋友,以及行业协会甚至第三方检测机构等这些外部组织。

这里我以"如何向领导借力"为例来展开讲解。

对于大多数ToB业务(企业客户业务)来说,成交周期都是很长的,因为企业客户的决策链条比较长,而且越是大企业,决策链条越长,所以销售需要维系的人还是很多的。有经验的销售员们都有这样的体会,从下往上走,道道关卡,业务推进效率非常低;从上往下走,效率更高,但是碍于自己的层级,跟对方高层也说不上话。那么,这时候为什么不请你自己的领导出面呢?

在ToB业务的商业场景中,还是很讲究对等谈话的。

首先,你得让自己领导出面,才能邀约出对方的领导,这样才能创造出从上往下走的销售通道。其次,领导亲自去谈,能体现出对这个客户的重视程度,客户心理上感觉更舒服,这样能提高约访成功率,也能提高见面交流的质量,因为领导掌握的信息更丰富,并且还有一些战略考量只存在他个人心里,再加上领导又是最终决策人,所以他们之间谈起来可以面面俱到,很多事情当场就能敲定,对彼此来说都能节省相当可观的时间。因为,有些项目双方都是拖不起的。

那么怎么才能让领导出面呢?需要注意以下几点。

首先,层级对等原则。客户方出面的是领导,至少是高管或者关键人物(决策人之一),这时候才适合请自己领导出面;否则会让对方觉得,这家公司领导这么容易见,肯定是家小公司。所以,姿态放得太低了也不好,不利于建立后续的谈判优势。

其次,如果对方领导就是不出面,是不是就永远不请自己领导出面了呢?这也不是绝对的。这里提供一个思路:你可以先和对方聊,聊到一定程度之后,请领导中途出面,并且聊一会儿之后再中途离开,这样既表示了对彼此的尊重,也体现了层级差。

这种微妙的心理感受常常很有用,这里我再举一个案例。有一次,客户方的领导王总来我们公司回访交流,需要住一晚,第二天再赶早班机返程。当晚就餐的自然是双方领导和高管都到场,其乐融融。我的领导一问对方班机时间,发现客户方王总最晚凌晨 6 点就必须要离开其下榻的酒店。然后我的领导就说:"王总,很不巧明天我有事,就不能来送您了,我请小张 6 点之后到酒店门口等,送您去机场。"

借好领导的力
领导甘愿当"伙计"

你看,诚意十足,让客户感觉宾至如归,特别感动。这句话既显示了他对王总的重视,也没有失去他自己作为领导的姿态,两全其美。虽然第二天凌晨 5 点我就不得不从家里驾车出发,但是想到这个小而精妙的策略有可能帮我拿下客户,心里还是美滋滋的。

以上是销售活动的借力，借的是人力，其实在品牌宣传方面，借力思维也有很广泛的应用，比如各种蹭热点的文章、奔驰和宝马之间多年来相爱相杀的"互黑广告"，就是常见的"借势营销"和"事件营销"，通过一个吸引眼球的事件把大众的注意力都吸引过来，以达到品牌曝光和价值观输出的目的。

5.4 善于演讲的人，做销售一定能行

你一定知道贾跃亭吧？我们暂不谈论关于他的各种传言和评价，你觉得他是一个厉害的销售吗？他开创了PPT造车的先河，车未出，就把车卖出去了。是因为他PPT做得好吗？我觉得不是，因为PPT比他做得更好的大有人在。华丽的PPT只是表象，讲故事和做演讲的能力，才是他技高一等的地方。

> 演讲能力就是提案能力
> 提案能力就是说服能力

我们先做一个拆解。对于销售人员来说，演讲能力本质上就是提案能力，提案能力可以进一步分解为：做提案的能力和讲提案的能力。比如：

- 怎么写好一份简历？这是做提案的能力；
- 怎么就着简历向面试官更好地介绍和推销自己，拿到Offer，

这是讲提案的能力。

很多销售人员在给客户讲解公司和产品的时候都要用到 PPT。我待过很多公司，发现有的公司甚至都没有一份像样的 PPT 简介，或者一年两年也不会更新一次，所以后来我就不得不自己做 PPT，练就了熟练操作 PPT 的技能。

首先，好的 PPT 要在视觉上令人感到舒适，靠的是排版和审美能力；

其次，信息一定要足够丰富，起承转合的逻辑性一定要强，更重要的是一定要有效传递出有针对性的关键信息，因为每个客户的需求和特点都各不相同。

在带领销售团队的时候，为了让销售新人快速掌握公司、行业和产品的相关知识，我经常会让他们从做业务介绍 PPT 开始。通过做 PPT，我能看出一个人的学习能力、悟性、思考方式和思考深度等。那么，做 PPT 和讲 PPT 的能力有多重要呢？

- 做好一个 PPT，体现的是做提案的能力；
- 讲好一个 PPT，体现的是讲提案的能力。

下面，我们来详细地说一说。

1. 做提案的能力

在做销售的过程中，销售人员给客户做一个报价方案、合作建议、投资回报率分析等都是在做提案。提案的目标是为了说服客户，提案的内容质量直接影响说服效果，因此做提案的要求显而易见：逻辑清晰，信息简明扼要，可读性强，要让客户感觉到有价值。

例如，你要给客户阐述某个产品涨价调整的提案，该提案应体现出涨价调整的绝对合理性以及客户的收益是什么，提案的内容质量决定客户最终是否答应你的涨价要求。

我认为，做提案的能力本质上就是写作能力，即输出观点并证明观点，可进一步拆解为写作的论点和论据支撑逻辑。所以，我建议大家平时一定要养成"勤思考，多写作"的习惯，坚持进行内容输出，这将有助于我们提高自己写提案的能力。

摆事实，讲道理
写提案就像写论文

当你开始做公众号，你就需要持续写作，那么就必须强逼自己做深度思考和复盘。这就好像以前语文老师会推荐大家都养成写日记的好习惯一样，即便成不了作家，也是对写作能力、表达能力、思维能力的养成。

写作的要点无非有以下几点：

- 语言简洁却又信息丰富，也就是用最少的语言，把一件事说清楚；
- 语言易读性要强，也就是一定要能被轻松地读懂，不要让人产生阅读障碍，读不下去；
- 语言读起来能让人产生共鸣，直击痛点，心情舒畅。

给客户做提案是需要不断练习的。我们脑子里有什么，跟我们能表达出什么，完全是两码事，这是我做自媒体（我的公众号已有328篇原创内容）多年以来最深刻的感受之一。语言表达能力不会凭空提高，必须通过大量的阅读和写作来实现。很可惜，我看很多人都没有养成写作的习惯。如果你想提高销售业绩，不妨从这件"确定有效"的小事做起——开始写作吧！

2. 讲提案的能力

在我的职业生涯中，接触过较多央企、国企大客户，以及国外知名大客户，因此经常参与各种国内、国际行业论坛，并代表公司做主题演讲。做演讲的本质是营销,是为了推介自己的公司和产品,但又须做得隐蔽(没那么明显),所以怎么做演讲PPT就很关键。

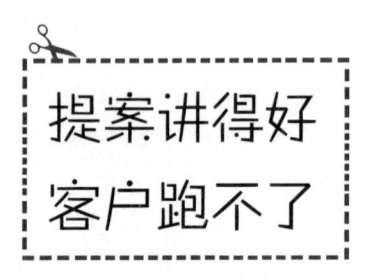

> **提案讲得好**
> **客户跑不了**

为了能更有效地提高演讲质量,我坚持自己做演讲PPT,为什么呢?

自己做的PPT,自己最清楚关键信息在哪里、各章节之间如何完美过渡、哪个地方需要强调重点讲、哪个地方只需一带而过等。只有自己对演讲内容了然于心,才能讲得好,才能讲出说服力。

我也经常帮我的领导做各种PPT提案,一般都是我提前帮他们做好,然后他们自己讲。每每听他们讲完我做的提案后,经常感觉很多关键信息并没有表达出来。为什么?这就是因为提案不是领导自己做的。比如在某张PPT里我是这样写的:2009年,我司中标并交付了××项目。领导一句话就带过了,而如果是我自己讲的话,我会强调这个项目是国家级示范项目,是当时国内市场的标杆项目,是我们跟几大行业巨头竞标后,最终凭借独特的技术路线优势拿下的项目,这样的表达才更有说服力。

那么怎样才能讲好别人帮忙做好的提案呢?这里建议一定要留足时间和提案作者仔细沟通,让提案作者先讲一遍,感受他的逻辑和重点,这样对于我们理解这份提案会有非常大的帮助。

说了这么多,我想大家可以试着思考以下这些问题:

- 你们公司有现成的简介 PPT 吗?
- 这个 PPT 是谁做的?
- 你有没有跟他当面聊聊里面的一些细节,尤其是你没太看懂的地方?
- 这个 PPT 是哪一年做的?信息是否过时?
- 你自己能不能重新做一份?怎么改进?

现在,请行动起来吧。

5.5 谈判能力——销售小白和销售高手的关键差距

<u>谈判是销售的必修课</u>。谈判需要靠势能。

销售小白面临的最大困扰就是"容易被客户牵着鼻子走",有的还不自知,这就导致其在谈判中一定会丧失有利势能。我带过的销售新人中,绝大多数新人都存在这个问题。

有一次,徒弟身心疲惫地来找我:"磊哥,客户还是嫌咱们的产品价格贵,最近给他打电话也不愿意接了,你看我们在价格上还能再优惠一点吗?"

其实为了鼓励销售新人的积极性,促成签单,当时授权给他的价格已经是非常低了,我很清楚价格并不是客户不理他的原因。我就问他:"你是怎么跟客户报价的?"他说:"客户让我报价,我就做了一份报价函发过去了。后来客户觉得贵,我不是还跟您商量过一次嘛，第二次报价已经降了 10%，而且还送了一些免费的检测服务。"

大家这里可以看到，客户让他做什么，他就做什么，客户没让他做的，他也主动做了，还觉得这是在向客户掏心窝子表诚意，一定能感动客户，拿下订单。而最终的结果，还是让他失望了，客户只是通过他来压另一家的价格，最终订单还是给了别人。

徒弟先是对客户愤愤不平，转而又对自己的"无能"深深叹息："为什么我总是被客户'牵着鼻子'走呢？"

其实，这并不是什么羞耻的弱点，而是人性使然，大可不必埋怨。当我们想求别人办事（让别人跟你买东西）的时候，自然就把自己放在了一个比较弱的位置，这时候对方提出任何要求，我们都想尽量去满足。但大家有没有想过，若我们过于卑微，反而是无法赢得对方尊重的。

在恋爱关系中也是一样，卑微的一方一般活得会比较累。当然，不卑微，不意味着就要强势，因为强势的结果也好不到哪里去。正确的相处之道，就是双方站在相互平等的角度去交往。恋爱伴侣之间，开心时一起分享，难过时互相宽慰，为彼此提供情绪价值是第一要义。

那么销售之于客户的核心价值是什么？降价帮客户省成本，免费送服务，这些往往不是客户的核心关切，要不然为什么别人能以更高价格成交呢？持续帮助客户解决问题，这才是销售的核心价值。也许你的产品很好，能提供很高的使用价值；也许是你做的方案更周到，这是你提供的情绪价值。

> 博弈关键是找到对手弱点
> 你的价值点
> 就是客户的弱点

当你能成功地传递出这些价值的时候,你在客户心中已经占据了一席之地,谈判难度就降低了一半。反之,当客户认为你无法提供核心价值,只能靠降价来与他成交,你就丧失了势能,也就是谈判的把控力。

这里我介绍一些谈判原则。

1. 不卑不亢

不卑不亢是为了获得谈判中的有利势能。当你意识到自己又被客户"牵着鼻子"走的时候,提醒自己赶紧停下,重新调整自身姿态。有人会说:"这太难了,我往往是无意中就被带入客户所掌控的节奏,等我反应过来的时候已经晚了。怎么办?"

我们可以为每个客户都设定一条底线,比如价格、账期、质保期等,这条底线是不可逾越的,是需要我们勇敢捍卫的。一旦突破这个底线,就意味着这个客户即便答应跟你合作了,实际上你也是失败了。

设定好底线之后,每次当客户逼近底线,是不是就更容易触发你的警报呢？警报响起，你就更有意识和动能去不卑不亢地应对客户，你就逐渐获得了谈判的势能。

这个原则同样适用于向上管理中，比如在领导面前也要不卑不亢，有事说事，有理说理，即便确实是自己失误犯错了，也要态度诚恳地把责任扛下来，并给出改进的承诺。越是唯唯诺诺，越是得不到领导的尊重和信任。

2. 共赢

你可能又要说了，"我坚守底线，最后却把客户惹恼了，单子还是丢了。这个度，到底如何把握？"

这个度，就体现在"共赢"。

这里，我要特别澄清一下共赢的概念。作为一名销售，不但要为客户创造价值，而且同时要为公司争取尽可能多的利益，让客户和公司都有价值，而且让双方都对这个合作感到满意，这才叫共赢。

谈判是双赢

如果你只坚守对自己有利的条件，只想让自己获利，客户是不会跟你合作的，所以一定要充分考虑客户和公司双向的利益诉求，促成共赢局面。

这里以报价为例，报价太低了自己吃亏，报价太高了客户不买，那么是不是在低价的基础上附带一些其他条件，以促成这笔交易呢，比如用低价锁定该客户一整年的所有订单需求？或者让对方必须再给你介绍一个新客户？客户得到了优惠条件，你得到了一笔稳定的长期订单，双赢。

总之，尊重客户，既不要老想着占客户便宜，也不要被客户利用，一定要站在平等和共赢的角度上，双向思考，谈判就不再是什么困难的事。

我经历过多次异常艰难的谈判，总的来说大部分都可以获得不错的结果。即便一次生意没做成，后来还是达成了其他合作，或者引出了其他的合作机会。比如我在从事新能源行业时结识的一个客户，因为项目融资等种种原因一直没有达成合作，却在我离开新能源行业并从事咨询工作后，成为我的客户。

5.6 如何从零开始建立行业朋友圈

在开始这一节内容之前，我想先请大家做一个自我评估：想一想，大家觉得自己的行业朋友圈是否足够强大呢？

经常听人说，"我认识×××，我有×××的微信，我跟××见过面，换过名片……"那么这些算是自己的人际关系吗？其实大概率上都不算。很多销售人员对人际关系有很深的误解，认为人际关系的拓展主要是指客户，其实人际关系的范畴是非常广泛的，比如我和很多竞争对手的销售人员关系都很好，他们也是我的人际关系。真正的人际关系，一定是你与他（她）能说得上话，对你来说有价值，同时

<u>也愿意为你提供价值的人</u>。

那么,怎样的人际关系可以称之为强大的人际关系呢?这里给出三个简单的判断标准。

(1)行业内大大小小主要的项目标的和业务机会,你都能通过自己的人际关系及时获得相关信息,甚至你坐在办公室里,也会有人主动找到你,跟你分享这些信息。

(2)不管你想认识谁,或者想找哪个关键决策人,总能有人成功帮你引荐。

(3)即便丢了项目也有人尊重你,甚至有人为你感到惋惜。

以上第一点和第二点很容易理解。为什么别人愿意主动跟你共享信息、帮你呢?一定是因为你的行业沉淀让别人相信你也可以帮到他。

以上第三点,大家可能一下子不能理解。这里举一个例子:我曾经跟踪一个项目长达一年,但订单最后还是被国外的竞争对手拿走了,内心非常郁闷。当中标新闻在行业媒体上发布出来之后,我陆续收到了好几个业内同仁的短信,都是给我加油鼓劲的:

"张总,××项目你们跟了那么久、那么深入,就应该是你们拿,太可惜了。"

"加油,下个项目必须是你的,改天一起聚!"

大多数同事只是小心翼翼地避而不谈,有的同事甚至抱着看热闹的心态在暗地里质疑我的能力。但是,为什么我的客户和同行会为我失利而感到惋惜,并且发来真诚的鼓励呢?

大家从事的业务各不相同,但是同属一个行业,目标客户高度重合,平时会互相分享信息,互相帮忙引荐客户关键人,甚至义务帮忙跑前跑后。所以,虽然大家不在一个公司,却有着战友般并肩作战的交情。他们知道我为一个项目付出了很多努力,也认可我的为人,所以很真诚地希望我能拿到业务。如果我单子丢了,也会为我真心地鸣不平。

生活中也是一样的道理。很多人长大之后才发现,曾经一起喝酒撸串的"狐朋狗友",几乎再也没了联系。偶尔有事想请人帮忙,也都被搪塞过去。所以,我们应该把时间拿来充实自己,以及帮助值得我们帮助的人。

只有你真正强大,且总是愿意真诚地、热心地帮助同行,你才能赢得同行的尊重和认可。只有当同行尊重你、认可你的时候,你才真正拥有了强大的行业人际资源。手机里存了谁的号码,拿到了谁的名片,跟谁握过手、吃过饭,这些都算不上真正的人际资源。

<u>人际关系,一定是互相赋能的</u>。不要总是等自己需要帮助的时候,才想到对方。当对方找到你寻求帮助的时候,也不要因为"瞧不起、没价值",而轻易地把对方打发走。你只有先具备成为别人资源的能力和修为,才能把别人变成你的资源。

互相赋能是更好的人际资源

如果今天你能帮我一个忙,下次我也能帮你一个忙,我们就具

备了互相赋能的基础,就可以互相称对方为自己的人际资源了。那么,更深层次的思考就是:

(1)我怎么才能让自己有价值呢?只有自己先有价值,才能吸引到别人的关注。

(2)我怎么让别人知道我对他有价值呢?也就是说,我的价值需要对外进行展示。

1. 个人价值来源

下面,我们先分析一下一个人的价值可能来自哪里。

(1)有时候,你的价值来自你的平台。

我们经常听人说:离开了平台,你啥也不是。很多时候,这句话是成立的。企业与企业之间合作,我们个人在其中的价值,大部分可能都是平台赋予的。所谓"树倒弥孙散",就是平台没了,那么人的价值也就消失了。

在我的职业生涯中,项目销售占据很大的比重,也就是说我销售的不是一个具体的产品,而是一套集成技术解决方案,最终落地成一个工程项目,交付给客户。一旦我们公司中标成为某个项目的承包商,很快就会有很多下游供应商找到我,想搭上承包商的车,揽一些分包和供货的机会。这时候,他们找我不是因为我厉害,而是我的公司厉害。

再比如,假设你们公司是做行业资讯和论坛的行业媒体,那么很多行业内的公司会找你打听各种信息,让你帮忙牵线搭桥。这时候,同样也是你的平台为你赋予了个人价值。

（2）你的价值也可能来自你自己。

比如你自己历经千辛万苦跑遍了整个北美市场，对北美市场和那边的项目情况都特别熟悉，那么同行找你就是因为你了解市场，掌握一手资讯，可以帮他们指路，这就是你个人的价值。

2. 建立人际资源的前提——价值交换

不管是平台价值，还是个人价值，都可以用来交换，没有哪个比哪个更高级的说法。有的人，你觉得他能力很一般，但是他平台好，比如他在国企、在外企、在行业排名前三的企业工作，那么就有很多人愿意找他互换信息。有的人平台一般，个人能力强，靠自己拼来不少资源，这种人如果懂得做价值交换，人际资源也不会差。

总之，建立人际资源的前提，就是价值互换。

3. 快速建立人际资源的方法

也经常有人问我这么一个问题："作为一个刚入行的销售新人，我怎么快速地建立行业人际资源呢？"首先，大家必须要明白，行业人际资源的建立是一个相对漫长的过程。其核心要义是，我们一定要在最短的时间内，尽可能多地和同行客户见面交流。这里为什么强调要见面呢？因为人与人之间的信任是需要通过见面来建立的，这也是大多数ToB销售的核心成交逻辑。没见过面的两个人，不放心进行价值互换，也就无法成为相互的资源。

这里，我根据自己多年的经验，推荐给大家几种快速建立人际资源的方法。

入行初期多拜访

（1）多跟师傅们出去拜访客户。这是最快捷、最容易切入的方式。

销售新人初期一定要跟着师傅出去拜访客户，一是有助于观察学习；二是在跟着去拜访客户时也能跟客户换回一张名片，方便下次联系。进入一个行业初期，见面次数多了，慢慢地就熟了。

万一公司没有给你指派师傅怎么办呢？那就厚着脸皮瞄准一两个你觉得比较厉害的人，多多请教，提高自己的印象分和能力分，换取跟着他们走出去的机会。不过也要注意，在见到客户时一定要注意分寸，因为那是别人的客户，切记不要喧宾夺主，否则，会让师傅没有安全感。

（2）如果有机会跟领导出去，那就再好不过了。

我记得有位学员曾经问过我："我倒是有机会经常跟领导一起出去，但是因为自己入行太浅，发现在客户面前全程都没机会接话，也不敢接话，顶多就是聊到与技术相关的专业问题时才有机会说两句。怎么办？"

这个问题，我拆成两方面来讲：

①跟领导一起出去，接触的人层级相对更高一点，这是非常好的建立人际资源的渠道，所以要把握好机会。那么跟领导出去

见客户,到底应该怎么表现?该不该说话?怎么说话?做点什么?

我的建议很简单,简单总结为一句话:全神贯注地当好配角。怎么理解?

首先,核心词是"当好配角",意思就是,你是跟着领导出去的,只需要跟着看、跟着学、跟着感受,参与某个项目而已,所以你不是主角。除了一开始的寒暄、握手、打招呼,不建议轻易插话。领导递完名片后你再递,握手也是一样的顺序。"要不要一起吃饭?下次何时再来拜访?"诸如此类的提议不要提,要提也是领导提。你的任务就是做好必要的记录,学习和思考,不用担心没有存在感或者失礼等问题。

很多人会觉得,如果在整个会谈中不说话会不会显得不礼貌,或者显得自己没能力、没尊严呢?然后他就开始强行表现,硬要插几句话以示存在感。

如果是这样操作的话,就大错特错了。新人不开口说话还好,越开口说话,越暴露了自己的弱点;而且对方的注意力都在你的领导身上,根本顾不上你,反而会觉得你不懂事。

至于尊严,那需要自己克服,要潜心修炼,你早一天接纳自己当"配角"的感受,就能早一天取得更大的成就。

其次,要全神贯注,意思就是虽然你是去旁听的,但也一定要眼观六路耳听八方,也就是我们常说的,眼里要有活儿。一定要及时关注各种细节,做好笔记,做好诸如打车叫车、订餐订房等一些基本的服务工作,这些服务性工作想做好也不容易,凡事要想在前面，做在前面。虽然你说的话少，但总比说错话要好得多，这是一种分寸感，通过这样的方式也能让人记住你。

简单总结一下跟着领导去拜访客户的三点注意事项：

- 做好配角，仔细旁听、学习；
- 把握细节做好必要的服务；
- 仔细观察局势，随时准备润滑和救场。

当然，这不是什么铁律。如果你对自己聊天的能力有把握，当然可以偶尔插两句话，这也是向领导展示你的聊天能力，以及随机应变能力的绝佳方式。比如当观察到对方说了不合适的话，即将出现冷场或被领导误解的状况时，你能否迅速地圆场？领导在这个过程中会观察你的行为，最终对你产生信任、依赖。也就是说，如果你每次跟领导出去都表现得比较妥当，一段时间后你会发现你们之间产生了一定的默契：有时候，领导会故意在商务谈话的过程中暗示你说两句。这是一个信号，代表他已经对你的聊天能力和分寸感有了预判。慢慢地，你的机会就会越来越多，领导的那些客户也就变成你的人际资源。

我在过去的十年里，主要在两家公司待过，如果要去拜访重要的客户或者合作伙伴，总经理都会带上我，因为我懂得与他们打配合。在商务会谈中、在饭席间，总经理一个眼神、一个小动作，我就知道接下来应该说什么、做什么。这种默契是必要的，习惯了就离不开。当然，这是靠长时间的沟通、信任磨合出来的，是可遇不可求的关系，因此特别珍贵。早些年，我更喜欢单打独斗跑业务，因为什么事都可以自己决定，包括到客户那里说什么？怎么说？合同条款的底线设到哪里？甚至几点起床？买几点的机票？拜访完客户，晚上自己吃点什么？都是自己说了算，太自由了。但是后来，我反而更喜欢找一个搭档一起拜访客户谈业务。双方打配合，互有提醒，互有补充，考虑问题更全面，各方面细节也落实得更好，成功率也就更高。

②除了跟别人出去，还得自己主动出击。

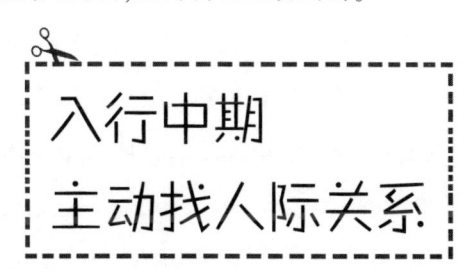

入行中期 主动找人际关系

a. 多拜访客户。

作为新人，各种不靠谱的担心和揣测最好不要想太多，要做的就是心无旁骛地学习和实践：一边学习公司产品和行业的知识，一边还要抓住机会多去实践，多拜访客户，没有比这个更快的积累人际资源的方式了。

如果实在约不到足够多的客户，跑展会也是一个不错的方式。一个展会，行业里的人会过来一大半，两三天的时间，所有展台跑一遍，该认识的人就都认识了。所以如果公司有参展，你一定要去现场看展；公司要是不参展，你也可以自己去展会上逛一逛，前期可以先找一些免费的展会去调研。

如果想要结识更精准、更高层次的人际资源，还可以去各种更专业、小规模的行业论坛。此类论坛大多是在五星级酒店里举办。

门票有几百元、几千元不等,你可以准备好理由跟公司申请经费去参加,公司如果不批,你也可以自己花钱购票,去听听讲座,去认识各企业的主要中高层人员。因为是行业性会议,所以在这种场合下,大家还是挺愿意交流的,也是比较好的建立高层次人际资源的场所。

  b. 多交朋友。

  前文提到,我与客户及竞争对手的销售人员的关系都不错。为什么?因为这种人际资源恰恰有比较大的交换价值,比如有的项目我做不了,其他人能做,我就可以介绍给其他人做,对能做的人来说这就是很硬核的价值。

  除了竞争对手,日常只要是能接触到的行业里的人,互相之间都客客气气的,平时要多互动。互动不只是点赞,留言评论才更走心。如果你能成为别人朋友圈里值得关注的人,那你们的关系也一定不错。

  记得有一次,公司的一个重要客户来交流,对方来的是采购总监和两个下属,对接的是我们公司的销售人员。这位采购总监,比我大4岁,我们从来没见过面,只是很早的时候经人推荐彼此加了微信,后来我们就经常在朋友圈里互动,所以双方都感觉关系非常近。一周前,他就告诉我,过一阵子要到我们公司来,问我有没有机会见一面?我说当然可以。他此次来的日程安排得很紧,等公司的销售人员带他参观完工厂,聊完所有事情已经是下午五点半了,而我一直在办公室等他。

  在我们见面后,聊了很久,有趣的是我们聊了很多跟业务不相关的话题，比如聊到他自己的职业"瓶颈"，以及他的领导有一天突然给他推荐我在得到 App 上的课程，说这个销售课程不错，结果他一看，跟他的领导说这个老师他认识。他还说："你看咱俩，本来我是甲方，你是乙方，我有很多事情本不应该跟你讲的，但咱们反而什么话都能谈，彼此没有任何压力。"

单纯地从业务层面来看，我能提供给他的价值，在于我了解公司的情况，对于双方合作中产生的真实问题和情形，能给他多提供一些视角和建议，甚至支着儿，让他的采购工作更好开展；而他对于我呢？我也能通过这层关系间接地让他能更平和地对待双方合作间产生的问题，在一定程度上提高他对我们公司的忠诚度。

如果抛开业务层面的交流，大家年龄相仿，都在为人生奔波和拼搏，在这一点上我们有很大的共鸣。他觉得我的自媒体搞得有声有色，很佩服我，那么我对于他来说是一个不错的参照，也许以后还会有其他合作，这就是我对于他的价值；反过来，我觉得他能在一家还不错的企业做到采购总监的职位，而且能力、视野、人品也都不错，也许未来真的能合作干点什么，这是他对于我的价值。

你看，我和这位采购总监应该互相称得上是彼此的人际资源了吧！

c. 人际资源是需要维护的。

这里，我分享一个维护人际关系的小经验：时不时地关心。

> 不经意的关心
> 更打动人

具体是什么意思呢？就是说我们不要觉得加了对方微信，握了手就是人际资源了，必须时不时地再创造一些机会跟对方进行互动，也就是创造机会让别人时不时地想起我们来，并且知道我们的价值在哪里。

5.7 时刻准备好带团队吧

有这么一句老话：不想当将军的士兵不是好士兵。我不知道大家是如何理解这句话的，我自己有不同的理解。很多职场人只从字面意思来理解这句话：一定要有向上努力的进取心，才能成为更优秀的职场人。可是，何为优秀？为何要追求优秀？变优秀了有什么好处？如果我们不能洞察这句话背后的真正意义，那顶多给我们一些内心激励，具体该做什么，以及怎么做，还是不清楚。

作为一名基层员工，随着年龄的增加，慢慢会进入职场"瓶颈"期，尤其当部门空降了更年轻的新领导之后，内心会觉得更不是滋味。为什么？很多脏活、累活领导是不会做的，那么谁来做呢？当然是基层员工来做。年轻人刚入职场，做基础工作是锻炼，可年龄到了三十几岁，领导如果安排的还是各种基础工作，从成长的角度来看完全是浪费时间,慢慢地,心里就失衡了。

所以每当有人跟我说:"我没有野心,就想待在基层安安稳稳地上个班,对管理不感兴趣",我总是又好气又好笑。每个人都有选择自己工作和生活方式的权利,但我们身处复杂的职场环境中,很难做到独善其身。你想要的那种安逸,越是待在基层,就越是不保险。

我们回过头来看,为什么要当将军?不是为了自己的虚荣心,也不是为了舒服。实际上我们每往上走一层,责任和压力也都会更大一点,但同时也摆脱了一些无价值、高内耗的负能量。

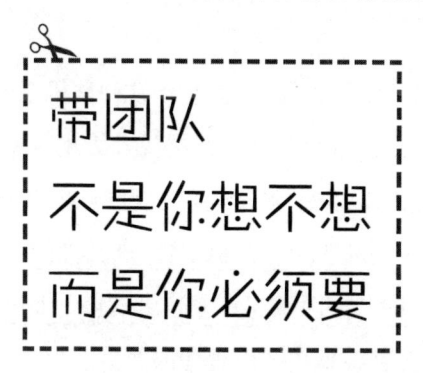

带团队不是你想不想而是你必须要

职场中没有绝对的舒适,基层也好,领导也罢,各自都有自己的压力和困难。其区别在于,基层员工消极地应付压力,进行无价值的心理内耗,而领导不得不顶住压力寻求突破,最终获得积极的成果和回报。你选哪一个?

作为一名基层销售人员,经过一段时间的摸爬滚打、经验总结,慢慢成长为一名优秀的销售,对业务的理解更深了,面对客户也更加游刃有余了,可以独当一面做业务。但是,慢慢地,你会发现,单打独斗的能量始终是有限的,业务规模做到一定程度就做不大了,收入水平也很难再往上突破。

在辞职创业之前,我供职过的公司中不乏许多30多岁的基层销售人员。值得注意的是,因为他们都是公司里5～10年的老员工了,考虑到薪酬体系的匹配,以及打造人才梯队纵深的需要等多方面的因素,他们的岗位名称早已从"销售代表/工程师"变成了"销售/主管经理",而实际上,这些头衔都是虚的,因为他们并没有真正带领销售团队,成为一个名副其实的管理者、领导者,而是跟以前一样,做自己的业务,拿一份提成而已。本质上,他们还是基层的销售员。

这种情况是非常值得警惕的,至少这种危机感会贯穿于他们的整个职业生涯。当一家企业开始裁员或者优化人才结构的时候,首先会淘汰掉那些占着高薪、高职,而技能和职能却单一的人。这意味着,出于职业规划和职业生涯稳定性、成长性的考虑,你必须要有晋升意识,抓住每个晋升的机会,主动承担起更大的责任,并且持续钻研学习,让自己具备承担那份责任的能力。

这是积极的职业追求,跟权利、欲望无关。我一直是这么做的,我也鼓励你这么做。

为什么销售人员不能一直待在基层?

1. 很容易被替代、被优化

倘若真的被迫离开当前的工作,再寻下家的局限性就会很大,绝大多数人只能在本行业重新寻找机会,而如果运气不好,本行业没有合适的机会,又不得不跨行寻找别的销售工作,这时就会发现自己几乎毫无竞争力,也就是说,没有"跳槽"的资本。

2. 体力的限制

虽然说销售这份职业的从业寿命是很长的,在有的行当里,销售甚至是越老越吃香。但是,别人可以,不代表我们可以。以我自己以及我身边很多销售同行的切身感受来说,上了年纪之后,感觉真的是跑不动了,出远差的体力感受大不如前,去国外出差倒个时差身体也是越来越痛苦。体力限制将直接导致业务开发的效率降低,跟年轻人是真的没法比。

3. 家庭的牵绊

当我们成了家,有了小孩,家庭的牵绊会更多,精力势必被进一步分散。我离开职场后从事企业营销咨询工作,主要靠脑力输出,所以理论上在家里办公就可以了,但各种家庭琐事诸如打扫、做饭、亲子活动,都会随时打乱手头的工作,导致工作效率很低。所以,我还是更愿意去外面办公。

婚前,工作外派半年都没问题;婚后,出差一两个礼拜已是极限。家庭的羁绊,毫无疑问将影响我们在工作上的精力分配和专注力的投入。如果还是像以前那样频繁出差,处理各种技术性不高的重复性且低价值的工作,总会让人无可奈何,陷入纠结。

所以,办法有两个:

(1)从一线退居幕后,指导和带领别人开发业务;

(2)从烦琐业务中抽身出来,减少出差频率,聚焦重要的大客

人人都要懂的销售思维

户业务和长线业务。

以上这些因素都需要我们从基层岗位爬上去,成为销售管理者。所以,除非你生活无忧,否则,"当将军"几乎是一道必选题。

有的人不自信,总觉得自己还带不了团队;有的人不在乎,觉得做个小兵就挺好,不喜欢管人。读完上面的分析,也许大家可以重新思考一下这个必选题。从现在开始,你就应该致力于对管理的观察、思考,以及管理经验的积累,开始为管理转型做准备,随时带团队。

第 6 章
资深销售的跃迁之路

6.1 把客户变成朋友，成交于无形之间

在我 16 年的职售生涯中，我深度钻研过十几个细分行业，接触了大量的客户，有一点体会非常深刻：不管大客户还是小客户，中国企业还是外国企业，有一点是不会变的，那就是销售始终在与人打交道。

对于销售来说，看人不看高矮胖瘦，只看能不能合作。不管客户是大公司还是小公司，决策者们对供应商的衡量标准可能有高低，但衡量维度是差不多的，比如产品质量、服务质量、性价比、品牌等。既然客户对我们的衡量维度是相通的，那么就一定有一套相通的说服逻辑，让客户愿意把业务交给我们。这个相通的说服逻辑是什么呢？就是建立人际信任，简单来说，就是和客户成为朋友。

当然，这实际上是一个老生常谈的说法，并不是什么新概念。

人人都要懂的销售思维

各行各业对客户关系的定义和需求是有差异的，每个人习惯和擅长的销售技巧也不尽相同，所以并不是说一定要跟客户成为朋友才能做销售。但是，在大多数情况下，跟客户成为朋友都可以极大地提高成交概率，降低成交难度。为什么？因为无论我们销售什么，销售给谁，首先都是在处理人际关系，而相互吸引、相互信任，是高质量人际关系的基础和催化剂。

做销售 本质上是在处理人际关系

在一次行业论坛上，我遇到了一位老朋友，五十来岁，平时住在香港，运营着一家不大的公司。其实我们交往也算不上很深，只是在行业论坛上见过几面，每次都友好地打个招呼，短暂地聊两句，但我们两家公司之间并没有明确的业务合作点。

那次见面我们照例拉家常，我不经意间提到孩子咳嗽，吃了很多药都不见好，听说有款药不错，就是不太容易买得到。

说者无心，听者有意。那次论坛结束后的第二个礼拜，她给我发信息要我的地址。原来她回家后专门去了趟药店，看到有卖我说的那款药，就买了两瓶给我寄过来，让我感动不已。要知道，当时我们并没有业务往来或合作点，但我很确定，未来只要有契合点，我会毫不犹豫地跟她合作，也很愿意为她介绍生意。

我想说的是，首先，把客户变成朋友是基础；其次，自然而然、真诚以待的人际关系,比起刻意的营造和设计关系,明显更胜一筹,让产品成交于无形之间才是最大的赢家。

6.2 业务需要定位,客户需要筛选

很多销售员经常唉声叹气,业务做不好就怪时运不济,怪客户不懂产品,然而他们不去想问题的本质到底是什么。

业务,一定是越来越难做的,因为竞争参与者越来越多。当我们觉得不好做的时候,其实别人也不好做。但是总有同行能做好且逆势增长的,而且经常是新手战胜老手,因为新手不局限于既定思维框架,往往能出奇招。所以咱们做销售的一定要去观察学习那些做得好的人,他们到底是做对了什么?

在营销 4P 理论当中(Product 产品,Price 价格,Place 渠道,Promotion 推广),产品是第一位的,产品好才能卖得好,这是核心。当然,这个道理似乎每个销售员都懂:"对呀,产品不行,你让我怎么卖?"于是,当产品因为竞争力很强而不愁卖的时候,销售员们都很开心;而当产品竞争力不够强的时候,销售员们又会把责任推给公司,因为公司产品做得不行,所以自己的业绩才做不上去。

产品力很强的时候,销售变得容易,会让很多销售员过度依赖产品本身的销售力,然后不自觉地自满、懈怠、停滞不前,忽略了持续提高自身销售能力的重要性。当产品力变弱、竞争格局发生变化的时候,销售员只能眼睁睁地看着竞争对手撬走本该属于自己的生意。

人人都要懂的销售思维

在营销 4P 理论中，产品销售不仅局限于产品本身（功能、配置、参数、外形等），还包含如何打造产品、如何定义产品、如何规划产品、如何包装上市等一系列方法论。

另外，营销 4P 理论把"产品"放在第一位，是站在企业经营的视角去考虑的，因为打造一个有竞争力的产品是所有商业模式的核心。

而作为一名销售人员，不可能总有机会去销售市场中顶尖的产品，大多数时候我们无法决定自己销售什么，但可以决定自己怎么销售。以我 16 年的营销经验来看，几乎没有完美的产品，大部分产品，我都能找到愿意为它买单的目标客户，所以我总说：产品并不是销售的核心，人才是销售的核心。

> 产品是营销的核心
> 但不是销售的核心

我给很多 ToB 企业做咨询，发现有些企业和他们的销售人员，对自己产品和业务的认知都非常狭隘。当我问及某个德资企业销售人员所销售的产品是什么时，他回答我，销售的产品就是各种非标自动化设备。大家觉得他对产品的理解有问题吗？我们先把对与错放在一边，分析一下这个产品的现状。

非标自动化设备行业是一个充分竞争的行业，进入门槛不高，所以同行多，尤其生产这个设备的小厂特别多，产品同质化特别严重,价格战激烈。刨除一些技术集成门槛确实很高的高精尖设备,对于客户来说,跟你家合作可以,跟别人家合作也可以,那么最后大家就只能拼价格、拼关系了,于是销售费用就越来越高,利润却越来越低。各行各业,只要你的产品同质化严重,最后必然都面临价格战、关系战的结果。

我想告诉你,对于产品的理解真的非常重要。现在我们再来讨论那个问题:这家公司的产品,真的只是非标自动化设备吗?错,如果产品只是设备本身,那么客户就只会比配置、比价格,最后就只能陷入打价格战的被动境地。而实际上,这个销售员所在的公司有其突出优势,即公司有来自德国母公司的专业工程师团队,而且这个团队经验相当丰富,在很多领域都开创了"首台(套)"的业绩,积累了非常丰富的跨行业非标自动化设备设计、制造和交付经验。因此,面对客户全新的生产和工艺要求,他们具备迅速、准确地理解、设计、制造和交付整套非标自动化设备的能力,而且经常能超越客户自己对工艺的理解,帮客户设计出更加科学高效,同时兼顾成本的成套设备。

简单来说,他们的产品/业务就是他们对工艺的理解和设计集成能力。对产品/业务的不同理解,背后的关键区别在于对自身业务核心竞争力的深刻洞察和定位。基于这样的洞察和定位,销售人员在面对客户时,将展现出完全不同的心态和采取不同的沟通策略,这足以出现截然不同的结果。

对于很多客户来说,市场上并不缺很懂设备的设备供应商,但是缺少很懂工艺,甚至比客户更懂工艺的设备供应商。一台称手的设备,也许能大幅度提高生产效率,降低生产成本,并且因为设计理念的先进性,可能服役寿命也会更长,不至于很快被淘汰,让总成本更低,这些都是实实在在的客户的收益。

这才是理解产品的正确方式。

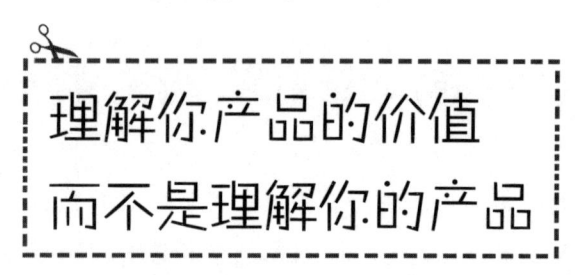

> 理解你产品的价值
> 而不是理解你的产品

再举个例子,直播带货业务能不能做起来,最重要的就是选品和供应链。直播带货主要是消费品 ToC 业务,而传统 ToB 业务,比如工业和制造业,其实很难去复制这个"选品"的概念,因为一家工厂生产的是环保设备、钢产品,或是化工产品,它的生产线投在那儿,短期内就只能做这个产品,它的产品品类是变不了的。但是换个角度,对现有产品进行重新定位、重新组合,不也是"选品"吗?比如,商业模式的重新设计,也是"选品"的大范畴。

在前文我曾经提到一个案例:一个人找你买电钻,其实是因为家里要挂一幅画,所以你是不是可以给他提供墙面安装服务呢?逻辑很简单,就是从销售产品,变成销售行业解决方案。这样一来,虽然工厂每天还是生产电钻,产品不变,但是商业模式变了。本来你的目标客户是那些电动工具经销商,现在你的客户可能变成了那些安装服务公司,甚至包括像京东、小米这些电商平台,你可以把电钻和安装服务打包卖给他们,承接他们的安装服务订单。通过你的打包服务，客户降低了成本，提高了效率，而你做大了规模，同时也打造了一个更有竞争力、更持续的商业模式。

另外，当你跟京东、小米这类头部大客户合作时，你会接触到最新最前沿的市场需求，很容易拓展出新的产品线，这些新产品具备一定周期内的竞争优势和高附加值，可以让你总是能避开同质化竞争，享受到先发优势的红利。所以，我一直认为，要想今天的业务明天还有得做，就一定要往前多想几步，解决终端客户的终极痛点，比如以上案例中客户的终极痛点不是"家里没有电钻，我要买个电钻"，而是"我买了一幅画，希望收到货就能第一时间挂到墙上"。所以，请你重新审视产品的价值，只要能解决客户的终极需求，你的业务就更加可持续，你的业务也会更安全。

你也许很疑惑，我只是个销售人员，又不能决定公司开发哪些产品，并采用何种商业模式。其实，销售往往是一家公司接触市场和客户最早的、最久的、最深的人，和客户在一起的时间经常超出任何其他部门，包括产品研发部门，可以及时得到许多真实的产品反馈和需求反馈，这些反馈对于优化产品，以及开发新产品，都是最宝贵的参考信息。

销售高手和销售小白的区别，就在于他们会同时把自己当成一名产品经理，去洞察和思考以上问题，再把洞察的结果带回公司，帮助公司打造更有竞争力的产品和业务。在我的职业生涯中，就不止一次地这么做过。公司的发展，需要多个部门的配合，需要市场最前沿的信息，需要更具竞争力的产品。

优秀的销售人员是自己做客户定位 差的销售人员等公司告知客户定位

在产品和业务被重新定位之后,客户自然也要重新定位。比方说,我给企业做营销咨询,那我要如何定位目标客户呢？我主要是在制造业等传统实体行业从事销售和市场工作,所以我最大的优势就在于深入销售一线,具备丰富的实战经验和极强的实操落地能力。我发现,很多传统实体企业的产品和技术可能很强,但营销能力却很弱；而传统的营销培训讲师只能培训一些营销概念和知识。很多企业给我的反馈是,这些讲师讲完就结束,企业营销能力很难通过一两场培训得到提升,他们更需要的其实是一个能够手把手带着他们执行落地的营销顾问。所以,我的客户就定位在这些营销能力偏弱的传统实体企业。

在确定了客户定位后,接下来就要分析这个客户群体的特点。制造业等传统实体行业,不像消费品行业那么重视和理解营销的价值。我们知道,一个消费品企业每年的营销预算都是早早就规划好的。什么节点,投什么广告,做什么活动,营销团队都了然于心,该花的钱都是要花出去的。而制造业呢,每一笔预算,必须对应一个高预期、高确定的结果才放心支出。也就是说,对要拿下的客户,需要有很大的把握,同时在结果达成预期和路径上,需要做更清晰的展示和设计。

鉴于这些特点,我现在做业务主要遵循两个原则:第一,我几乎从来不主动推销,都是等客户主动来找我;第二,如果经过一次深度沟通后还没有说服对方,那么我基本上直接放弃这个客户。

这背后的逻辑在于,在内容营销时代,把短视频做好了,自然就能吸引到精准的高质量客户的关注。总有一批客户,他们对营销具备基本认知,并且已经意识到了自身营销能力的不足,渴望提高自身营销能力。和这些客户谈合作,可以省去很多沟通成本,而且如果客户因为被我的短视频吸引而主动找到我,沟通起来会更加地顺畅,合作的概率更大。

我复盘了最近我成交的企业客户,几乎无一例外,都是只谈一两次就迅速敲定合作,因为大家都不想浪费时间,一旦看准了价值,就立马推进。一个企业的发展,找好了方向,找对了商业模式,剩下的就是抓紧干,因为时间是不等人的,错过时间窗口是最可惜的。

所以,作为一名销售,我们有必要认真定位自己的业务和客户,有的放矢。越是什么业务都想要,什么客户都想做,最后越是事与愿违。

6.3 价值升维,谈判资格的入场券

做业务的逻辑,跟人际交往的本质是一模一样的。我们前面提到,建立自己的行业朋友圈,其中一个条件就是相互赋能。所以,客户之所以没把销售员放在眼里,就是因为我们没有可互换的价值,

而且更多时候,是因为销售员没有成功地把自己的价值进行展示。

所以,做销售,谈业务,首先一定要给自己做价值升维,让客户发现你的价值。

> 低级销售卖产品
> 高级销售卖价值

比如,一个拍企业宣传片的小公司去一家大企业做提案,不管创意多么高级,大企业对小公司的刻板印象就是:不就是个拍视频的小团队嘛。

前阵子找我咨询的一个工厂负责人,他的公司是做工业新风系统滤网耗材的,这种产品技术门槛比较低,同质化严重,那么就注定了他们要接受价格战带来的冲击和随时被抛弃的风险。

这时候,销售人员就一定要学会升维。什么叫升维呢?很多销售人员出去谈业务,公司做什么,他就吆喝什么,直来直往,这样就永远突破不了产品本身的价值维度。我跟客户聊天的时候,一般会拔高一个维度,比如企业宣传片谁都能拍,但我对制造业理解得更深刻,所以我会跟客户聊制造业的营销趋势、品牌营销上应该如何创新、营销预算该怎么规划、如何利用短视频建立客户信任等。对方听完就会发现,这个销售是真懂制造业、真懂业务,那么他拍的视频肯定能从行业和业务视角切入,效果一定不会差。

当我销售一个同质化产品时,一定会打造一个独特的记忆点,以保证客户轻易不舍得"离开我",至少寻找替代方案的时候会比较麻烦、成本更高。比如,如果我是那个滤网耗材厂家,如果客户使用后的废弃耗材我负责回收处理,缓解客户的环保压力,而且废弃耗材还可以抵扣一部分采购款,那么客户何乐而不为呢?所以,当你把自己的产品价值拔高一个维度的时候,你和你的竞争对手就不在一个竞争维度上了,你就完美避开了同质化竞争。更关键的是,客户会觉得你不一样,你有特殊价值,所以在谈合作的时候你就有更大的底气,从而去争取更好的商业条件。

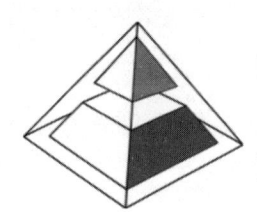

拔高纬度 避开同质化竞争

现在,我建议大家好好想一想:如何把自己的产品价值拔高一个维度,让客户不敢怠慢我们,以及愿意跟随我们?

我必须要提醒大家:拔高维度的前提条件,是对自我价值和客户价值的理解,而不是吹牛皮、故弄玄虚,靠概念包装去忽悠客户。

实际上,就是要把自己的销售理念从"以产品为原点"转换成"以客户为原点",从产品思维切换到用户思维。二者的区别在于:

以产品为原点:我有一个产品,它适合哪些客户,我就找到潜在客户,向其兜售这个产品。以用户为原点:客户的终极需求是什么?他最怕什么?最想要什么?此为先。然后我再打造合适的产品,或重新组合现有产品去满足客户需求,此为后。

6.4 销售谈判的最高境界:不谈业务谈战略

做销售,每天不是在谈判,就是在去往准备谈判的路上。谈判能力决定成交概率,更决定是否能守住预设的底线和利益。如果为了成交而成交,却拱手出让了太多的利益,成交是没有价值的。所以,谈判技巧是做销售绕不开的话题。在这一节,我通过个人销售生涯的一个真实案例,告诉大家在商务谈判中获得成功的几个重要策略和逻辑。

2018年,我在太阳能光热发电行业工作,销售一种光热电站核心组件产品。当时,全球只有五六家企业可以生产这种产品,其中领头的一家欧洲品牌占了全球80%以上的市场份额。没办法,该产品他们做得早,业绩丰富,所以大多数企业都用这个欧洲品牌。

当时我接触了一家美国企业,他们正在阿曼开发一个新项目,这笔业务如果能谈成的话,订单规模至少一两亿元。但是,这么大的项目,客户已经认准了那个欧洲品牌,加上我的介入时机已经有点晚了,他们已经完成了产品测试,所以这个业务几乎没有可能了。怎么办?我决定调整策略。

第一个重要策略:当谈判陷入僵局的时候,试着让客户成为你的利益共同体。

谈不拢就让对方成为你的利益共同体

于是我帮客户分析:"如果你锁定一个独家供应商,首先你会丧失议价权。其次,因为订单量巨大,而且是非标产品,牵涉到开模、生产线改造、试生产等多项前置工作,如果欧洲公司在交付过程中出现问题,需要临时引入新的供应商,那么至少要耽误半年时间,到时候你们就非常被动了。"

然后我向客户提议,不妨共同投资,双方共建一条专门的生产线,作为 Plan B 随时待命。我趁热打铁邀请客户方 CEO 从美国飞来面谈,参观我们的装备设施。经过两三轮深入的磋商,很快就达成了协议。客户不但打了投资款,还同时下了第一批试订单。

换位思考一下:既然打了投资款,相当于就是自己人了,只要产品质量没问题,当然优先用自己的。这次谈判大逆转,就是因为我成功地把客户变成了自己人。

第二个重要策略:谈判的本质是价值交换。记住,在我们还不能提供可以满足客户需求的产品和服务之前,任何谈判技巧和策略,注定都是无果的。俗话说,巧妇难为无米之炊,谈判技巧再出众,却拿不出客户想要的东西,一切都是空谈。

谈判的本质是价值交换

读到这里,也许有人会说:"谈判被动,主要就是因为公司产品不行,拖了后腿。"我想重申一点,作为一名销售,有义务也有必要通过与客户的深度交流,拿回宝贵的反馈和建议,帮助公司把产品力做上去,因为帮助公司就是帮助自己。

虽然现在可能没有足够的价值提供给客户,但如果销售人员对于"在何时、何种条件下可以具备足够的价值"拥有明确的预期和信心,对于某些客户来说,这本身也是一种价值。

在上面的案例中,我也遵循了这个思路,说服客户和我们共同投资了一条生产线,以满足他们未来订单的非标定制产品需求和供货稳定性,这其实就是把合作提高到了经营战略层面,用未来价值与客户进行深度利益捆绑的实例。

第三个重要策略:要想在谈判中获得有利条件,我们必须具备真正的核心竞争力。理论上,我们的所有价值都是我们自身的竞争力,但真正称得上核心竞争力的,一定是那种"非你不可"的价值,这需要超强的信息敏感度和行业洞察力作为支撑。谁获得的客户内部信息越多,谁的行业洞察就越深刻,谁就越容易找到客户的"弱点"。

回到上面这个案例,因为我介入的比较晚,所以大概率是无法合作的,但我通过对行业的深入洞察,发现这种产品的全球供应链很不稳定,加上这是一种非标定制产品,每次开发新规格产品都非常耗时,因此独家供应商带来的供应风险必然是很高的,这就是客户的"弱点"。而我的竞争力是什么呢？其他厂家因为品牌强势、订单相对稳定等因素,和该客户共建专门生产线的概率不大,但是我们作为后来者,加上我们的技术条件和场地条件都具备,也完全有动力和意愿这么做,所以这就是当时我可以拿得出的战略性"核心竞争力"。

谈判的前提是具备核心竞争力

核心竞争力分量越重,谈判桌对面的人就越重视你。在谈判桌上,故作强势是没用的,只有证明了自己才能把对方始终留在谈判桌上,才能拥有话语权,不怒自威。

谈判的技巧和策略还有很多,但只要大家深刻理解以上三个策略并活学活用,我敢确信可以解决大部分销售和谈判难题。

6.5 审美能力——被大多数销售忽略掉的必备素质

你也许很奇怪,做销售跟审美能力有什么关系呢？八竿子打不着边的两件事儿嘛。那你就大错特错了,这两件事儿不但有关系,关系还特别大。

审美在线,销售则如虎添翼。

你有没有过这样的经历？跟客户沟通很顺利,但是发了一份产品资料过去后，就杳无音信了。可曾想过问题出在哪里吗？不是客户善变，有时候只是因为产品资料太难看而已。

我的管理风格比较随性，对待下属总体上并不严厉，但有一件事儿要求非常高：但凡是需要让客户看的文件、资料，在视觉上不能有瑕疵，从字体、字号、排版格式，到配色、材质、体验等，一定要尽善尽美，比如名片、产品册、PPT、报价函、标书，甚至是一封邮件的行文格式，都极力关注。

为什么？因为这些都代表了公司的形象，以及你的个人形象，是一种有效的信任背书。一份粗糙的PPT，客户不仅仅会简单地认为对方公司审美能力不足，PPT技能一般，实际上客户的真实内心会这么想：

- 这肯定是一家小公司，不够正规，不然资料也太随意了；
- 这个销售要么做事潦草，要么不太重视我，总之不能合作。

我曾经参与过一个企业宣传片项目的投标。参与投标的另一家公司是专业的视频制作团队，但最后客户却把业务给了我，后来得知，就是因为我的报价函做得非常详细，排版布局也美观、清晰。

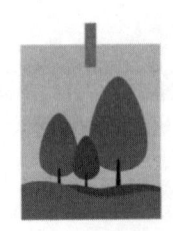

审美能力强
业绩再上一个台阶

在日常管理工作中，我会尤其关注销售人员审美能力的训练，光是排版制作精美并不能过关，因为"看起来好看"并不是最终目的。对于一份需要呈现给客户的业务资料，是否能准确、高效地传递核心信息，赢得信任，是重中之重。好内容加上好审美，使客户感受到积极地强化,说服力更强,这就是审美能力之于销售的价值。

另外,诸如宣传册、网站页面等营销物料,一般都是由企业的市场部完成的,所以项目启动后,大多数销售人员都不会去过问市场部的具体设计工作,市场部设计出来是什么样,就是什么样。我向来都不会置身事外,反而会深度参与整个设计过程(要么参与,要么安排专人作为设计项目组成员,参与几个重要的设计反馈和审核节点)。为什么?

产品物料最终是给咱们销售人员使用的,我们自己都不参与制作过程,如何确保物料好用、有效呢?一个平面设计师也许可以设计出精美的画面,但画面如何服务于内容,使两者形成最佳合力才是最主要的。所以,销售人员必须参与其中,因为我们比市场人员更懂客户,更懂业务逻辑。我后来甚至还自学了 Adobe Photoshop、InDesign 等平面设计和排版软件,可以自己做一些平面设计工作,这样能保证在紧急状况下可以更精准、更迅速地做出自己想要的物料。

在从事多年销售管理工作后,我也逐步接手了市场部的工作。

审美能力是可以通过后天训练培养的,于我个人而言,20多年的摄影经验,在一定程度上帮我提升了审美能力!当然,审美能力除了通过外在视觉来呈现,还可表现在内在品位方面,比如对艺术品、文化产品的欣赏和品鉴能力(音乐、绘画、歌剧、红酒等),均可体现你的艺术修养和造诣。所以,审美能力会在无形之中让你可以对接更高阶的客户和业务。

日本生活美学大师松浦弥太郎说过:"品位"即"选择和判断"。好品位是指,在和别人相处时,说话的方式和金钱的运用方式等,都能给人留下好印象。品位体现在一个个生活细节中，只有一项两项是不够的。

有很多经典品牌，企业主会引导他们的核心员工多走出去，而不只是待在店里。出去做什么呢？感受文化遗产的魅力、参观美术馆、去书店阅读等。通过接触美好品位的事物，可以沉淀出个人的良好品位。这些有品位的核心员工，回到店铺之后便会将美好传递给顾客，从而提高品牌的品位。

员工有品位 品牌才有品位

新东方这个品牌大家并不陌生，在前段时间转型做直播电商，成立"东方甄选"直播间，初期试验很不适应，销售业绩也并不理想。后来，却凭借中英双语直播，以及主播老师的口才成功翻盘，这靠的就是新东方老师们的博学知识和文化修养。这种特殊的"品位"，使得"东方甄选"直播间成了直播界的一股清流，被大家赞赏，销售额自然也上去了。

从营销角度来看，这些所谓的"品位"，本质上就是一家公司或一个品牌在客户心中的形象。品位就是一种 IP。IP 给品牌赋能，品牌反过来再给 IP 赋能，互相成就。

万宝路公司与一家广告公司合作了 50 年之久。有一天，万宝路的负责人问这家广告公司的负责人："咱们合作了 50 年，我付了你 50 年的钱，你就把给我做的第一稿设计用了 50 年，你这钱也赚得太容易了吧!"

广告公司的负责人回答说:"我容易吗?这50年来,为了不让公司改掉这个设计,我付出了多少辛苦和努力!"

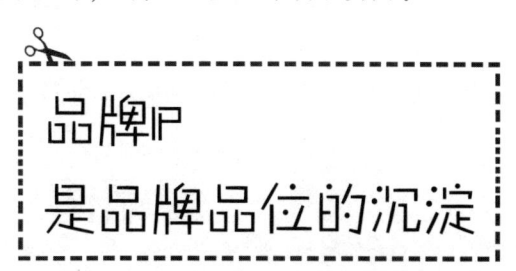

> 品牌IP
> 是品牌品位的沉淀

经营品牌 IP 是一个复杂的系统工程和长期工程,投入是巨大的。随着时代的变迁以及消费者消费习惯的变化,经营品牌 IP 的方式也更加多元化,但品牌 IP 要想沉淀下来,一些经典的品牌元素和品牌传承是不能改变的。我们做销售,不管自身销售技巧如何长进,方法策略如何多样,我们要给客户留下的感觉,也不会有太大的变化。每个销售人员在不同阶段,都应该时不时地问自己:当客户想起我的时候,他对我是什么感觉?是不是我希望的那种感觉?如果不是,我最近发生了哪些变化,应该怎样改进?

6.6 如何打造有战斗力的销售团队

怎么让你的销售团队有战斗力?氛围是关键,再配合适当的激励措施,做好这两点就可以了。

在氛围上,你只需要观察一点:团队中每位销售人员是否能互相切磋业务,互相帮忙献计献策,一起赢得客户,而不是互相较劲?

人人都要懂的销售思维

很多销售团队,不但销售人员之间相互较劲,甚至销售管理者还在跟下属暗自争客户,更不要说帮助下属成交了。

销售团队的协作氛围,直接决定这支队伍的整体战斗力。如果协作氛围好,就可以获得 1+1>2 的业绩。单打独斗的销售很难跨越到下一个职场周期——管理层,主要是因为不懂得如何带团队。

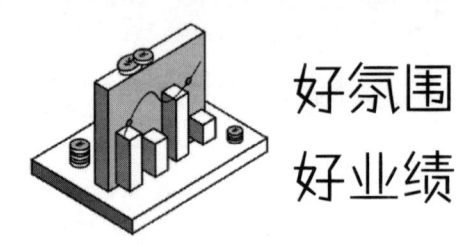

好氛围
好业绩

除了氛围,适当的激励措施对于销售团队的稳固是尤其重要的。我给一家企业做咨询时发现,他们的销售人员普遍反映后端服务交付团队的支持能力跟不上,他们的业务专业性很强,每开拓一个新行业,都需要行业专家做服务支持,所以交付能力取决于服务团队的专业能力,如果交付跟不上,销售人员给客户的承诺就无法兑现,业务就不可持续。

大多数公司都是缺资源的,也是讲投入产出比的,所以服务团队总归是不够用的。所以我建议,业务一定要聚焦,不要什么行业都做,专注做好几个优势行业的解决方案,做行业深耕,就能大大缓解现在的问题。

可是,新问题又来了。做行业深耕需要很长时间才能出单,销售人员没钱可挣,留不住人怎么办?很多公司对销售人员的考核是,试用期内不出单就辞退,那员工只能动用所有的资源和渠道,广撒网开发业务,最后拿过来的业务涉及各行各业,然后公司的交付团队更加无法支撑,形成恶性循环。

这里我建议:把销售激励策略改一改。第一,试用期的销售人员出单不出单不重要,能拿出一个目标行业的深度调研报告,就说明其能力、意愿和悟性各方面都不错,就可以留下来;谁的报告做得好,做得深,谁就可以优先负责这个行业,并给其半年至一年的时间深耕这个行业。如果能拿下行业标杆客户,就额外给奖励,行业业务纵深做得深,再给奖励,不要只是按固定的提成点来奖励。

你怎么激励员工就会怎么做

所以激励的关键在于,要在不同的市场阶段,根据业务需求进行量身定制;另外,就是一定要有差异性地激励,不要让所有人都围在一起吃大锅饭。这样做的好处有两个:一来,可以满足更多元化的需求,毕竟有的人看重的是物质方面的回报,而有的人看重的是精神方面的回报,比如荣誉或者晋升。二来,个性化的回报更能激发员工的拼搏和积极竞争精神。所以,设计好具体的激励机制和好的氛围,销售团队的战斗力就有了。

6.7 经营个人品牌,是非常重要的事

在我刚开始做销售的时候,微信还没有诞生。在微信出现之

后，朋友圈的功能随之而来。刚开始的时候，大家只是通过微信朋友圈分享自己的生活和观点。回想起来，朋友圈可以算作是移动互联网时代真正意义上的个人自媒体1.0版本。第一批认真把朋友圈当作自媒体工具来运营的那些人，都获得了不错的回报。

后来微信又隆重推出了公众号，广告语是"再小的个体，也有自己的品牌"，标志着个人自媒体时代的正式开启，个人IP概念全面普及。为什么这么说呢？想想看，在移动互联网之前的PC时代，自媒体的代表媒介是各大博客网站（blog）。写blog需要一台电脑，阅读blog也需要一台电脑，那时候虽然也出现了不少博客大V，但仅局限于一小部分人，跟如今自媒体大V广泛发展的态势相差甚远。

在自媒体时代，不做个人自媒体/个人IP真的非常可惜，对于销售人员来说更是如此。销售，尤其是ToB销售，最关键以及最难的环节有两个：第一，获客（在之前章节已有讨论）；第二，建立客户信任。很巧，个人IP恰恰能够解决这两个关键问题。

> 个人IP=获客+客户信任

以我自己为例，作为第一批微信用户，从朋友圈到公众号，虽然一直是参与者，但一直没有真正利用好它们。当初代公众号大V们大放异彩的时候，我因为懒惰和拖延症，错过了公众号爆发的红利期，等后来再下定决心开始写文章，运营自己的公众号之后，才发现已然淹没于汪洋。即便入局较晚，公众号还是为我在行业圈子里带来了一些小名气,对我做业务产生了积极的影响。跟客户一起吃饭聊天时,对方冷不丁地夸赞我某篇文章写得很不错,某个观点与他不谋而合等,这就是一种软性的影响力吧!而这也足以让客户对我产生好感和亲近感,自然而然就提高了业务成交率。虽然当时还没有个人IP这个词,实际上那就是个人IP的影响力了。

现在,人们逐渐失去了阅读长篇文字内容的耐心,公众号变得越来越难做了,个人IP的更好载体从文字变成了短视频(诸如视频号、抖音、快手、哔哩哔哩等)。我目前主要运营的有个人抖音号和视频号等,而我现在正在服务的大多数客户都来自个人短视频的引流转化。

当然,个人IP除了可以引流带来业务机会,还有很多其他作用。对于做业务来说,个人IP是一个永动机,它能源源不断地帮你提前锁定长期的业绩增长机会;对于个人发展来说,个人IP就是你的个人社交名片,你的个人背书,它能帮你积累口碑,获得更多的职业机会,构建高质量人际资源。相信我,在钻研销售技巧、产品和业务之外,你有必要分出一部分精力,认真用在打造个人IP上,尤其是通过短视频的形式,因为这几乎是当下最高效的打造个人IP的方式。

提起笔,对着摄像头,开始打造你的个人IP吧!

笔记栏

笔记栏

笔记栏